Rudolf Steiner
Die okkulten Grundlagen
der Bhagavad Gita

ルドルフ・シュタイナー

バガヴァッド・ギーターの眼に見えぬ基盤

高橋 巖［訳］

春秋社

目次

バガヴァッド・ギーターの眼に見えぬ基盤

バガヴァッド・ギーターの眼に見えぬ基盤

全 九 講

ヘルシンキにて

1913年５月28日～６月５日

第一講

一九一三年五月二八日

先回この地で私がお話しさせていただいたのは、もう一年以上前のことになります。あのとき私は、私たちみんなの心の深くに生きている問題を取り上げました。その問題は、現代における人間認識にとって不可欠な事柄だ、と考えております。なぜならこういう事柄を知ることは、人間の魂の欲求であり、この上なく深い憧憬の対象なのだからです。これからもますますそのような対象であり続けるでしょう。

今、皆さんとこの地で、二度目の出会いがもてることを、心から嬉しく感じております。同時に、世界全体にとってもかけがえのない、神聖な、今回の問題を共有するために、わざわざこの地に来られた方々にも感謝しております。

先回、この地で皆さんにお話しさせていただいたときは、大宇宙の諸領域にまで眼を向けました「訳註＝『天体と自然界の霊的本性たち』全十講・ヘルシンキ　一九一二年四月三日〜一四日」。今回の私たちの課題は、地上での進化の諸領域を考察しますが、この諸領域の認識を深めることは、先回と変わることなく、宇宙における霊的なものを開示してくれる門へと導いてくれるでしょう。

　私たちがこれから取り上げる対象は、時間的、空間的に、私たちを今のこの場所から遠い彼方へ導いていくようですが、しかしそれと同時に、いつどこでも、時間的、空間的に、今生きている私たちの現実に向き合うように導いてくれる対象でもあります。この対象は、身近かな、親しみのある仕方で、あらゆる存在の中に生きている永遠なるものの秘密へ導いてくれるのです。永遠なる源泉への止むことのない探求へです。その源泉の中に見出せる「至上の愛」を活性化するものの探求へ、私たちを導いてくれるのです。

　実際、私たちは、どこで集まろうとも、叡智を求め、愛を求めて集まるのです。愛の泉への憧れの中で集《つど》うのです。そして、宇宙の森羅万象のいたるところに見出すことのできるこの憧れは、悪戦苦闘する人間の魂そのものの中にも、見てとることができます。

そして、このことがまったく特別な仕方で見てとることができるのは、この悪戦苦闘する人間精神の圧倒的といえる表現のひとつに眼を向けるときです。今回考察しようとする、偉大な人類遺産に眼を向けるときなのです。

私たちは人間精神のもっとも偉大な、もっとも透徹した表現のひとつについて語ろうとしています。すなわち太古の、しかし根源的に、まさに私たちの時代にこそあらためてその重要性が明らかにされるべき「バガヴァッド・ギーター」についてです。

ヨーロッパの諸民族、西方の諸民族がこのバガヴァッド・ギーターのことを知ったのは、それほど以前のことではありません。やっと今、ほぼこの百年の間に、このすばらしい詩の名声が、このすばらしい歌の認識が西方に広がったのです。しかし今回の私たちは、連続講義の対象を次のように受けとらなければなりません。この実に見事な東洋のギーターの認識は——単なる知識ではなく、まさに認識は——、この見事な歌の基盤がますます人間の魂の前に開示されるとき、初めて可能になるのです。このギーターの眼に見えない、オカルト的な基盤が、です。

バガヴァッド・ギーターの内容は、私たちが霊学研究との関連で、しばしば取り上げてきた時代に由来するものです。バガヴァッド・ギーターの圧倒的な感じ方、感情、理念は、古代の人間の見霊体験がまだ輝いていた時代に由来します。バガヴァッド・ギーターが私たちに語りかけてくるとき、そのどの頁からも、人類の太古の見霊の息づかいが感じとれるのです。

バガヴァッド・ギーターが西の世界に初めて知られるようになったのは、バガヴァッド・ギーターがもっとも根源的な見霊文献だということを、この西の世界がほとんど理解できなくなっていた時代のことでした。

それにもかかわらず、この偉大な神の歌、もしくは、聖なるものの歌は、稲妻のような光を西欧世界に投げかけました。ですからその当時、中部ヨーロッパのある人物は、このすばらしい東洋の歌に初めて接して、思わずこう語りました。――バガヴァッド・ギーターが表現しているすばらしい内容に接することができたことをみずから讃えずにはいられない、と。数百年、否、数千年に亙る人類の精神生活の表現に接することなく過ごしていたのは、この人物だけではありませんでしたが、この人物は、諸民族の精神生活に深い洞察の眼を向けることのできた一人でした。

彼はヴィルヘルム・フォン・フンボルトといい、有名な天文学者アレクサンダー・フォン・フンボルトの兄でした。彼だけでなく、西洋に属する、さまざまな言語圏の人たちの中にも、同じような印象を受けた人たちがいました。バガヴァッド・ギーターの最初の数章を読んだだけでも、この詩句からそのような重要な印象を受けとることができた人たちがいたのです。

多分、まさに私たちにとってこそ、まったくとらわれることなく無条件に、ギーターに向き合う必要がある、と思います。なぜならバガヴァッド・ギーターがヨーロッパで、こんなに短期間に有名になったにもかかわらず、人びとの魂を襲った聖なる嵐を前にして、人びとはこの聖なるものを前にして、そもそもどこから始めたらいいのか分からずにいるのですから。ですからここで、多分グロテスクなくらい冷静な態度で、この出発点について考えてみようと思います。

私たちが眼の前にしている詩文は、最初から、この上なく烈しい戦闘の場面に私たちを引き込みます。その場面はホメロスの『イリアス』において、冒頭から私たちをすぐに引き入れる場面に劣らぬくらいに荒々しいのです。実際、登場人物の中のもっとも重要な人物の一人、というか、おそらくもっとも著名な人物であるアルジュナは、はじめから親族同士の戦闘の場面に引き込まれているのです。私たちの前に立ち現れるこのアルジュナは、戦いを前にして、どうしたらいいのか、ただただ恐れおののいています。なぜなら彼は彼方の敵陣の中に、身近かな血族の人びとを認めているのですから。

同じ先祖から同じ血を受けた親族同士が殺し合いをしなければならなくなってしまったのです。その状況がはっきり見えてきたとき、彼は弓を手にもつ力を失ってしまいます。読者である私たちには、弓をしっかり保つ力さえ失ってしまい、恐ろしい親族同士の戦いを前にして、まったくどうしていいか分からないアルジュナの気持ちが、まるで自分のことのように思えてきます。

そのとき、アルジュナの偉大な師、クリシュナが私たちの前に立ち現れ、そして偉大な、崇高な教えを語ります。アルジュナへの霊的な教えとして、です。

しかしそれらすべては、究極において、何を目指しているのでしょうか。このことをまず冷静に、見逃がさずに、検討しておかなければなりません。クリシュナがアルジュナに与えた偉大な、聖なる響きをもつ教えに眼を向けるだけでは十分とはいえません。そのことの生じた状況に眼を向けなければなりません。どのような状況の下で、クリシュナはアルジュナに、親族同士の戦いに躊躇しないで、弓矢をとり、全身全霊で戦いに臨め、というのでしょうか。

　クリシュナの教えは、はじめ、よく見分けのつかぬ霊の輝く雲であるかのように、戦いのさなかにあって、戦いに尻ごみするな、戦う義務に従いなさい、と求めます。このことに眼を向けますと、この教えは枠組みによって意味を変化させます。しかもこの枠組みは、圧倒的なまでに偉大な詩『マハーバーラタ』全体の構成の一部分をなしています。クリシュナの教えは、私たちを日常性の嵐の中へ、人間の戦いという混乱した状況の中へ、人間の誤謬、人間の争いの嵐の是認へと私たちを導き入れます。

　このクリシュナの教えは、人間同士の戦いであるこの嵐の是認であるように見えます。このことをはじめに、冷静に眺めるとき、多分バガヴァッド・ギーターに対しては、通常の人間的な作品の場合に生じるような問いとはまったく違った問いが生じるのではないでしょうか。そして多分、この偉大な歌の世界史的な意義を知るためには、そしてバガヴァッド・ギーターが今ますます、まさにこの現在の時点で、まったく特別重要な意味をもつようになっていることを自覚できるためには、バガヴァッド・ギーターのあの枠組みに注意を向ける必要があると思うのです。

先程述べたように、バガヴァッド・ギーターは、西の世界にまったく新しい内容をもたらしました。バガヴァッド・ギーターの感情、感覚、思想の根底に存する事柄が、まったく新しい内容をもたらしたのです。そもそも西洋文化はギーターが知られるようになるときまで、東洋文化について何を知っていたのでしょうか。一九世紀になって知られるようになったいくつかの事柄を除けば、非常にわずかのことしか知られていませんでした。世に知られずにいた若干の努力を除けば、西洋の文化は、バガヴァッド・ギーターのもっとも重要な衝動の意味を直接知らずにいました。ですから今、バガヴァッド・ギーターを知ることで、私たちの言語、哲学、日常よく心得ている諸理念では、地上におけるこのように聳え立つ精神の営為を性格づけるにはいかに不十分であるか、感じないわけにはいきません。人間精神のこのような偉大な開示を受けとるには、何かまったく違った受けとり方が必要なのです。

　これから申し上げる事柄のための土台として、あらかじめ二つのイメージを取り上げようと思います。ひとつはバガヴァッド・ギーターの中のイメージ、もう一つは西洋の精神生活からのイメージです。前者のイメージは、現在の西洋の精神生活からは、かなりかけはなれているように見えます。そこに歌われているイメージは、戦場のまつ只中にクリシュナが現れて、世界の秘密に関わる偉大な教えをアルジュナに伝えるのです。そうすると、この弟子はそれほどにまで崇高な事柄を語ってくれる師の魂の本当の姿が見たくてたまらなくなります。

弟子はクリシュナに、あなたの真の霊姿を見せていただけないでしょうか、と願います。そうすると本当に、クリシュナが――あとで詳しくその情景に戻るつもりですが――弟子の前に現わしてみせる姿は、一切を包接する姿です。限りなく偉大な美しさ、宇宙の秘密を開示する神々しさを示す姿です。

そのとき弟子に開示される師の崇高な霊姿の記述に較べられるような見事な表現は、他にはほとんど見られません。アルジュナの周りには、多くの血が流された、荒涼とした戦場が広がっています。その場所では、これから血縁のある仲間同士の戦闘が始まろうとしているのです。

クリシュナの弟子の魂は、この荒涼とした戦場から離れて、クリシュナの真の姿が生きている世界に眼を向けます。その世界は、どんな争い、どんな戦いからも無縁な、この上なく清らかな、崇高な世界です。そこでは、生きることの秘密が開示されるのです。そこは日常性から自由な世界であり、人間の魂の本来の、内奥の本性が生きる世界です。人間の魂はこの世界のことを知らなければなりません。知ることを学ばなければなりません。そうすれば、この世の世界の荒涼とした戦いの場に再び降りていくことが可能になる、というのです。

今、私たちがこのイメージの記述に感情を込めて従うなら、こう問わずにはいられません――「アルジュナの魂の中に、一体何が生じたのか。この魂はどうなってしまうのか」。

アルジュナの魂は、戦場のまっ只中にあって、まるでこの戦場の争いが押し退けられているかのようです。ですからこの魂は、人間的な苦悩、争い、死など存在しない浄福な世界の中に自分を感じ、永遠の世、聖なる世に思いを寄せます。けれども、崇高なクリシュナの衝動からしか生じえないような必然性によって、この魂は荒涼とした、混乱した戦闘に加わらなければなりません。しかし、アルジュナの魂は戦闘から離れようとします。

アルジュナの魂にとって、周囲の地上の生活は、まったく無縁な、親しみのないもののように現れています。私たちは、文字通りこう感じます。――この魂は高次の世界を仰ぎ見ている。まるで神々と同居しようとしたがっているかのようだ。だから人間生活を、無縁な何か、理解しがたい何かだと思っている。

実際、そこにはひとつのすばらしい心象風景が現れています。この上なく偉大な、崇高な瞬間を含んでいる情景です。つまり戦士アルジュナは、周囲を敵の戦士たちに取り巻かれながら、眼の前に見るすべてが自分とは無縁の、彼岸の、異質なものであるかのように感じています。彼はクリシュナ神から、この世の世界に向き合いなさい、と言われるのですが、クリシュナ神にいくら諭《さと》されても、この世の世界が分からないのです。

以下のような言い方は、多分理屈に合わないとお思いでしょうが、事柄の本質に眼を向けて下されば、きっと理解していただけると思います。すなわち、世界のこの世の側面、世界の地上的側面を今やっと理解しようとしているような魂をもったアルジュナが、私たちの前に立っています。そして今、バガヴァッド・ギーターは、西洋文化圏の人びとに、すなわち地上的なものなら何でも理解できるくらい、唯物思想に深く浸透されてしまっている人びと、地上的なものなら、物質的なものなら、なんでも非常によく理解できる人びとに働きかけようとしているのです。

バガヴァッド・ギーターが今理解を求めている人びとの魂は、アルジュナの魂に関わるすべてから、深い深淵によって隔てられている魂たちなのです。今クリシュナの計らいで、地上的なものと結ばれようとしているアルジュナの魂にとっては、何の意味も持ちえないようなすべてが、西洋の人びとにとっては非常によく分かる、身近かな事柄なのです。

困難な点は、みずからをアルジュナの魂にまで高めることにあるようです。つまり西洋諸国でなら非常に分かりやすい事柄のすべてを、つまり、感覚的なもの、物質的―地上的なものを、今理解しなければならない魂にまでです。

クリシュナ神は、私たちの文化として私たちを取り巻いているすべてを、アルジュナに分からせなければなりません。私たちの時代においては、人間を取り巻いている事柄を知るのに、いちいちクリシュナの助けを借りる必要はありません。

大事なのは、今の人間の本性とかつての人間の本性の間に横たわる深淵に一度眼を向けることです。そして、西洋の魂がクリシュナやアルジュナのような本性を、すぐに理解できるとは思わないことです。アルジュナはひとりの個人ですが、西洋文化の中で次第に培われてきた人間とはまったく別の人間なのです。

私はこのことを、理屈ではなく、イメージとして申し上げました。理屈ではあまり事柄の本性にまで迫っていけませんから。私たちが今取り上げようとしているイメージは、言葉を超えた何かなのです。理解するためだけでなく、理解を超えて魂に深く関わる感性や感情の働きに訴えかけたいのです。

ここで私は、別のイメージにも眼を向けようと思います。今度のイメージは、バガヴァッド・ギーターのイメージに劣らず崇高な印象を与えてくれますが、ギーターとは反対に、西洋文化にとって非常に身近かなイメージです。西洋の人間にとっては、よく分かる、崇高な、詩的なイメージなのです。

ここであらためて振り返っておきたいのですが、西洋の伝統文化の中で育った人たちは、クリシュナがアルジュナの前に立って語ってくれたイメージを現実に生じた出来事である、と信じているのでしょうか。

西洋の伝統の下にある私たちの世界観は、信仰であるだけでなく、知識でもありうるようなものを求めています。今、人智学的な世界観の出発点に立つ私たちにとって、このもう一つのイメージは、はるかに身近かであるだけでなく、そこには西洋文化が大切にしている何かが生きています。

私たちはキリスト教成立期の五百年前の魂に眼を向けます。西洋のもっとも偉大な精神に属するソクラテスの魂に、です。私たちは死を眼の前にしているソクラテスに眼を向けます。プラトンは有名な対話篇の中で、魂の不死について弟子たちに語ります。このイメージの中では、ソクラテスに語りかけるデーモンのほうが、死後のイメージよりも話題の中心になっています。

　私たちの前に立つソクラテスは、弟子たちに取り巻かれ、死を迎えるに当って、魂の不死について語ります。プラトンが私たちに託してくれたこの不死についてのすばらしい対話は、多くの人に読まれてきました。しかしこんにちの読者は、もっぱら、コトバ、概念、理念を読んでいます。読者の中には、非難するつもりはありませんが、死を迎えるソクラテスが弟子たちに語る言葉の論理的な整合性を問おうとさえする人もいます。そういう人たちは、私たちの魂の中に論理的な証明や科学的検証よりも、もっと意味のある、重要な事柄が生きているのが感じとれずにいるのです。

　ソクラテスが不死について語ったことを、彼の弟子たちの中のもっとも学識のある、もっとも深みのある、もっとも感受性豊かな人たちに語らせたとしても、それどころか、そのようなもっとも感受性豊かな、もっとも論理的な、もっとも学識のある人に語らせ、さらにソクラテスの語る内容を、百倍も論理的に整え直したとしても、そのようなものは多分、百倍も無価値なものにしかならないでしょう。

このことが理解できるためには、人間の魂にとって、正確な、論理的証明よりも――たとえどんなに疑わしく思えるとしても――、はるかに価値ある何かがあるということを、根本的に理解できるようにならなければなりません。

もしも誰か学識豊かな、感受性に富んだ人物が或るとき、弟子たちに魂の不死について語るとします。その話は非常に有意義なものだったとしましょう。しかし本来の意味は、語られる事柄によっては伝えられません。――私は今、とても矛盾したことを申し上げているようですが、しかし非常に大切なことなのです。――語られる事柄だけではなく、この偉大な師が弟子たちに語るときの状況も、共に働きかけてきます。たとえそのあとで再び師も弟子も日常的な状況に戻るとしても、です。

ソクラテスは死の門に入る直前に、魂の不死について弟子たちに語ります。その話が終われば、彼の魂は肉体を離れてしまうのです。運命によって定められた死の時間に、あとに残される弟子たちに魂の不死について語るというのは、日常の日々が続くときに語るのとは決して同じではありません。こういう対話のあとで、師は死の門の彼方に存する世界へ行くのです。

主として私たちに働きかけてくるのは、ソクラテスの言葉ではありません。状況が私たちに働きかけてくるのです。けれども、私たちが今性格づけようと試みた力を受けとるなら、不死についてのソクラテスと弟子たちとの対話から感じとれる力を、いわば息吹のように受けとるなら、このイメージのすべての力を直接受けとるなら、一体私たちの眼の前に何が見えてくるでしょうか。

ギリシア世界が見えてくるのです。ギリシアの日常世界を私たちは眼の前に見るのです。その世界の日常生活の戦いが、ギリシア世界の中の最良の人物に毒杯を渡したのです。

私たちが眼の前にするのは、この高貴なギリシア人の最後のこの世の言葉です。この最後の言葉は、身近かな人たちの魂がもはや認識できなくなっている彼岸を、霊界を信じるように導くためだけに語られました。

ソクラテスのような人物がいのちを賭けた行為によって、霊界への展望を獲得したこと、魂が死の門を通ったあとも、霊界で生き続けること、そのことを私たちの魂の前に、西洋の魂にとっても理解できるようなイメージと共に、私たちの魂の前に現出させてくれたのです。

このソクラテス文化なら、西洋の魂にも理解できます。ソクラテスは弟子たちの前に立っています。弟子たちは、死の現実を直接肌で感じています。このイメージなら、もちろん西洋の魂にも理解できます。私たちが西洋文化を正しく理解するには、西洋文化がこの意味で数百年、数千年に亙ってソクラテス文化であり続けたことを知らなければなりません。

しかし、ここでひとつの比較をしようと思います。ギリシア人のひとりとして、自分の周囲を取り巻いているものに何の疑問も持てなかったソクラテスの弟子のひとりとクリシュナの弟子アルジュナとの比較を、です。前者はどのようにして超感覚的世界へ導き入れられるのでしょうか。後者、アルジュナは超感覚的世界には何の疑問も抱いていないのですが、自分の血族のこと、自分の立ち位置、そもそも感覚世界での自分の可能性が分からなくなっています。

もちろん、現在の歴史科学、科学哲学、ありとあらゆる「科学」がやってきて、一見正当な、立派な理由をあげて、こう言うであろうことは、十分承知しています――「そうはいっても、バガヴァッド・ギーターに述べられていることとプラトンに述べられていることを比較してみれば、あなたが今語ったのとは正反対のことが述べられているのに気がつくはずだ」。

でもそう語る人たちは、一方でバガヴァッド・ギーターのイメージから、他方でプラトンの述べる死を前にしたソクラテスのイメージから受けとることのできる深い、そして壮大な衝動をまったく感じとろうとしていないのです。両者の間には、共通したところが見出せますが、しかしその間にはひとつの深淵が横たわっています。なぜでしょうか。

その理由は、バガヴァッド・ギーターが古代の見霊的な時代の終わりにあり、そのバガヴァッド・ギーターの中には、古代人の見霊能力の最後の余韻が私たちのところにまで響いてきているからであり、その一方で、死を迎えたソクラテスが、数千年を通して古代の見霊文化が伝えてきた理念、思想、感情と取り組んで、今私たちが「人智学的世界観」と呼んでいる「新しい見霊文化」のための準備をしてきた中間期の人びとの最初のひとりであるからなのです。

クリシュナの弟子アルジュナとソクラテスの弟子との間には、この上なく深い深淵が横たわっています。しかし私たちの生きている時代における人間の魂は、数百年の間さまざまな変化を経験し、輪廻転生を繰り返しながら、外的、物質的な認識を求め続けたあとで、今ふたたび霊的世界との関わりを求めているのです。

基本的に今ここに集まって来ていらっしゃる皆さんは、新たな仕方で、クリシュナが弟子アルジュナに伝えた言葉から響いてくるあのすばらしい啓示の世界へ人びとの魂を導き入れようとする時代意志のこの上なく生きいきとした証しなのだ、と思います。ですから、バガヴァッド・ギーターの根底に、オカルト的に存在している多くのものが、今私たちの魂の深い憧れに応えて、私たちのところにまで響いてきているのです。

古代人の魂にとっては、霊的なものとの結びつきは当然のことでした。超感覚的なもの、彼岸にあるもの、霊的なものは、身近かな、信頼しうるものでした。今私たちは再び新しい仕方で、超感覚的世界への通路を求める時代の出発点に立っています。私たちが求めているものは、もちろん私たちのやり方とは違っていたので、私たちのものにはなりえない仕方ではありましたが、すでに一度存在していました。このことが確認できるなら、私たちの霊的探求への励ましになってくれるに違いありません。この励ましは、特に東洋の聖なる歌、バガヴァッド・ギーターから受けることができます。

バガヴァッド・ギーターの最初の言葉は、イリアス、オデュッセーの最初の言葉と同じように、意味深く響いてきます。ギーターの場合、クル派の首領である盲目の王に彼の馭者が物語る、という形をとっていますが、この王はパンダヴァ派と血肉の争いのさ中にありました。首領が盲目であること、このことがそもそも象徴的なのです。古代の人びとは、霊界に眼を向けていました。いわば全身全霊で、神々、霊たちと結びついて生きていました。

この地上で人びとを取り巻いているすべては、その人びとにとって、神霊存在たちと絶えず結びついているように見えました。次いで新しい時代が来ました。そしてホメロスが伝承によれば盲目であったように、クル派の首領も盲目の人として語られています。この首領にクリシュナとその弟子との対話のことが報告されます。地上での出来事がこの首領にそのつど伝えられるのです。それだけでなく、霊界から感覚世界へ働きかけてくる事柄さえ、この首領に伝えられなければなりません。盲目である、ということは象徴として重要な意味をもっていました。古代人にとって盲目であることは、その人の魂がすべての記憶、すべての霊的関連の中で、太古の時代（の秘儀）に通じていたことを象徴的に示しているのです。

霊的な秘密として生きてきたすべてを、高次のイメージの中で体験できた人たちは、霊界も魂界も見ることのできた人たちでした。この世の中で演じられる事柄の深い意味を理解し、その霊的関連を理解した人たちは、古代の伝承や歌の中では、盲目と言われました。ギリシアの歌人ホメロスの場合にも、ギーターの冒頭に登場する人物の場合にも、この同じ象徴と出会います。

その場合私たちは、どんな時代に導き入れられるのでしょうか。その時代については、別の関連でこれまでもしばしば述べてきましたが、原人類から現代人への過渡期の時代に導かれるのです。しかしなぜあれほど強烈に、同じ血族同士の戦いがアルジュナに襲いかかってくるのでしょうか。

ご承知のように、古代の見霊能力は、外的な血縁関係に結びついていました。血の関連、人間同士の血管に同じ血が流れているということは、古代においては聖なる事実でした。なぜなら、ある種の集合魂の知覚力がこのことと結びついていたからです。血の近さを感じるだけでなく、そのことを意識していた人たちの中には、まだ現代人におけるような自我は生きて働いていませんでした。

太古の時代には、どこを見ても、いたるところに関連がありました。その関連の中の一人ひとりは、こんにちの一人ひとりのように「わたし」を感じることはなく、もっぱらグループの中で、共同体の中で、血の共同体の中で自分を感じていました。こんにち、民族魂、同族魂、国民魂は人間にとって何を意味しているでしょうか。たしかに時にはこの国民魂、もしくは民族魂が最大限の熱狂の対象になりうるかもしれません。しかし、民族魂、種族魂は、人間一人ひとりの自我に対抗する力はありません。

厳しい言い方かもしれませんが、そうなのです。事実、太古の人間は、自分のことを「わたし」とは言わず、自分の種族、民族のことを「わたし」と言いました。この集合魂的なものに対する感情が、まだアルジュナの中に生きていました。だから彼は、自分の周囲で血族同士が争うのを見て、怒り悲しんだのです。

アルジュナはまだ、自分に対して「わたし」ということを理解していません。それ以上に、すべての血縁のある人たちの魂の中に現れている、あの集合自我のほうをもっと身近かに感じています。だからこそ自分の周りで荒れ狂う戦いが、彼をずっとさせ、無気力にさせるのです。

このアルジュナの魂を自分の中に生かしてみるなら、私たちはそこに何か恐怖のようなものが生きており、自分の中で自分と一体になっているものが自分を殺そうとしている、という感じが持てると思います。この魂は、すべての魂の中に生きているもの、そして自分を殺そうとしているものを感じています。このアルジュナの魂の中に自分を移してみるなら、この魂は、兄弟同士が殺し合い、ばらばらに離れていくのを感じとり、自分の一部分であるはずのからだがばらばらになってしまうかのような思いを心に抱いているのが感じとれます。

ですからアルジュナの魂は、同じからだのいろいろな部分が、心臓が頭と戦い合い、左手が右手と戦い合っているかのように感じています。どうぞ考えてみて下さい。この魂は今始まろうとしている戦いを前にして、この戦いがみずからのからだに挑んでいる戦いである、と思っています。どうぞ考えてみて下さい。自分が弓を手ばなす瞬間に、兄弟同士の戦いが人間の右手と左手の戦いだと思えた瞬間に、この魂が何を感じたのかを。

そうしたら私たちは、バガヴァッド・ギーターの冒頭の気分を感じとって——ここで私は一見したところ、しかし一見しただけなのですが、逆説的でグロテスクなことを、もっとも聖なる感情を逆撫でするようなことを、言わなければなりませんが——、今、アルジュナは、個的自我のことがまだ分かっていない、アルジュナが分かっているのは、古い集合自我のことだけだ、その集合自我が今、ありえない戦いの姿で現れているのです。

この気分の中に沈んでいるアルジュナの前に、偉大な師クリシュナが現れます。ここではっきり述べておきたいのですが、聖なるクリシュナが、最高の芸術形式をとって、比類のない芸術形式をとって、アルジュナに向き合います。そしてアルジュナに、もし人間が正しい意味で進化の過程を辿るつもりなら、何を断念しなければならないのか、何をしようとしなければならないのか、を教示するのです。

このクリシュナの教えをさらに辿っていきましょう。一体クリシュナは何を言うのでしょうか。何について語るのでしょうか。わたし、そしてわたし、そしてわたし、常にいつもわたしについて語るのです。わたしは地上にいる。わたしは水の中にいる。わたしは空気の中にいる。わたしは火の中にいる。わたしはすべての魂の中にいる。わたしはすべてのいのちのいとなみの中にいる。聖なる「アウム」の中にさえ、わたしはいる。わたしは風である。風となって森をつきぬけていく。わたしは山の中のもっとも価値ある山である。わたしは川の中のもっとも価値ある川である。わたしは人間の中のもっとも価値のある人間である。わたしは聖者の中の古い賢者カピラである。

まことにこのクリシュナは、このようにさえ語ります。――わたしが認めるのはまさにわたしだけだ。そしてわたしが世界を認めるとすれば、世界がわたしである限りにおいてである。

クリシュナの教えというのは、わたしであり、わたしであり、わたしであり、それ以外の何ものでもないのです。

アルジュナがどんな存在なのかを、一度まったくあからさまに見てみましょう。彼はまだわたしのことをつかんでいません。しかし、わたしを知らなければならないのです。そしてその彼に、神が普遍的な、宇宙的なエゴイストであるかのように向き合います。この神は自分自身以外の何ものをも認めません。それどころか地、水、火、風のすべての中に、地上に生きるすべての中に、体、魂、霊の中に生きるすべての中に、わたし以外の何も見るな、と要求します。

注目すべきことに、わたしをまだ理解できずにいるアルジュナに対して教示されるのは、自分の「おのれ」以外の何ものも認めてはならない、ということなのです。真実の光の下にこのことを見ようとするのでしたら、バガヴァッド・ギーターを通してクリシュナが自分のことを何と語っているか、そして何を認めさせようとしているのか、それをどういう言葉で言い表わせばいいのか、という問いです。普遍的エゴイズム、これがクリシュナの言おうとしていることなのです。ですから崇高なるギーターのいたるところから、繰り返して響いてくるのは、このような言葉なのです――「君たち人間よ、君たちが私の包括的なエゴイズムを認めてくれるときにのみ、君たちにとっての祝福があるのだ」。

人間の精神生活の最大の成果は、いつも、私たちに謎を出します。ですから、その成果が私たちに大きな謎を出していると認め、その意味を知るときにのみ、私たちはその成果を正しい光の下に見出すのです。今私たちが、もっとも崇高なこの教えが普遍的なエゴイズムと結びついていることを理解する、という課題の前に立つとき、本当に私たちは厳しい謎の前に立たされているように思えます。オカルト的な秘密は、論理によってではなく、人生の大きな矛盾を眼の前にするとき、私たちに開示されるのです。

私たちの課題は、マーヤーの内にあって、あの注目すべき事実を超えて、真実に到ることです。ですから私たちは、マーヤーの内にあって語るとき、まさに普遍的エゴイズムと呼ばれるものが本来何であるのか、を認識できなければなりません。私たちはこの謎を通してマーヤーから現実へ、真理の光へ到らなければなりません。それにはどういう態度が必要なのか、どうすればこの謎を超えて現実に到るようになるのか、それがこれから続く講義の課題でなければなりません。

第二講

一九一三年五月二九日

さまざまな時代、さまざまな民族の宗教的な原典、真に宗教的な原典に深く沈潜するとき、どの場合にも、同じ印象が繰り返し現れてきます。その印象については、以前、『ヨハネ福音書講義』の中でも、そのあとの『マルコ福音書講義』の中でも取り上げたことがありました。

こういう宗教的な原典に深く沈潜すると、そこにはすばらしい、芸術的な構成が見てとれるのです。このことは、以前カッセルで行いました、『ヨハネ福音書と他の三福音書、特にルカ福音書との関係』と題した連続講義からも読み取っていただけると思います。つまり、ヨハネ福音書は、その深みに入っていくなら分かるように、ひとつの地点まで、すばらしい芸術的に劇的な高まりを示しています。そしてその後でも、劇的な力が甦ったかのように、最後まで続いています。

芸術的‐演劇的な構成のこの内なる見事な高まりは、ヨハネ福音書の場合、いわゆる奇蹟的な行為、いわゆる「しるし」の表現の中に見てとれます。「しるし」から「しるし」への絶えざる高まりが生じ、そしてこの高まりが「ラザロの秘儀参入」という「しるし」にまで到るのです。

この「しるし」、つまりこのオカルト的な原点（奇蹟）を基にして、美しい芸術的な構成がいたるところに見られるのです。私は同じことを、マルコ福音書の構成の場合にも指摘させていただきました。

こういう原典の美的構成、その劇的な力に眼を向けるとき、そもそもどんな宗教的な原典も、この上なく深い意味で芸術的に構成されるのでなければならない、と思わざるをえません。

まずはじめに、このことを事実として提示したいのです。私たちは、この連続講義の中でも、この問題に向き合うつもりです。

注目すべきことに、バガヴァッド・ギーターの場合にも同じことが、すなわちすばらしい高揚感、隠された美的感動が見てとれます。ですから、バガヴァッド・ギーターに没頭するなら、他に何も作用してこなかったとしても、そのすばらしい芸術的な構成には感動させられるに違いありません。

私は今日は、ギーターの第一章から第四章までを取り上げるつもりですが、はじめに若干の主要点に眼を向けようと思います。この主要点は、バガヴァッド・ギーターの芸術的構成に関わると同時に、深い内的なオカルト的真実に関わる事柄でもあります。

まずアルジュナが私たちの前に現れます。これから関与しなければならない流血の惨事を前にして、彼は力を失います。親族の人びとが見えます。彼の周りで親族同士が戦い合っているのです。彼は身ぶるいして身を引き、自分はその戦いには一切関わりたくない、と思います。そして彼がそういう思いの中で、これから自分に襲いかかってくる事件への恐怖の中で、アルジュナの馭者が正体を現わします。馭者が、神であるクリシュナの道具となって彼に語りかけるのです。

すでにこの最初の場面に、芸術的な緊張が感じとれますが、しかしそれだけでなく、深い根拠をもったオカルト的な真実が示唆されています。

なんらかの仕方で霊界への途上にある人であれば、この瞬間の深い意味に気づくに違いありません。

一般に私たちは、魂を深く震撼させられることなしには、霊界に参入することはないのです。魂の力のすべてを激しく揺さぶられることがなければ、魂の力が感情の中に深く浸透することはありません。感情は、いつもはさまざまな事情、さまざまな状況の中で働いているので、絶えず弱い仕方で魂に作用していますが、オカルト的世界に関わるようになると、一瞬にしてさまざまな感情が集中し、魂に浸透し、魂を烈しく揺さぶります。ですから、その人は心を震撼させられるのです。恐怖、不安、茫然自失、恐れおののきを体験するのです。

このことは、オカルト的進歩の出発点としての霊界参入に属することです。ですから、修行によって霊界へ参入しようとする人は、その準備として、今述べた心の震撼を、魂に必要な体験として生き抜かなければならないのです。とはいえ、この体験は自分の身体に、自分の健康に悪影響を与えてはなりません。魂は体と結びついているとしても、体が共に震撼させられてはならないのです。

本質的に大切なのは、外的な身体生活においては、動揺しないことです。魂の震撼を身体上の冷静さで耐えるのです。

さらに言えば、私たちが日常必要としている魂の働き、私たちの通常の知性、想像力、感情の働き、意志力、それらもバランスを欠いてはなりません。オカルト生活の出発点であるべき魂の震撼は、はるかに深い層の中で生じているのでなければなりません。ですから、私たちは周囲の人たちを魂の震撼で包み込む一方で、外的、物質生活においては、何も変わったことはないようにしなければなりません。換言すれば、オカルト的進歩のためには、外的な落ち着き、外的な平静さを失うことなく、内的に震撼を体験できなければならないのです。

そのために必要なのは、オカルト的進歩のために努力するときに、自分の関心の範囲を拡げることなのです。自分の関心の範囲を拡げて、通常の日常生活から離れるのです。朝から晩までいつも経験していることから離れて、世界の広大な地平に立とうと心掛けるのです。

本当に、世界の真実、世界の認識、世界の知識に疑問を抱き、そのことに心を震撼させられるのでなければなりません。日常生活の中で感じるときと同じように生まなましく、心を震撼させられるのでなければなりません。そういう体験がもてない間は、つまり全人類の運命に対して、日常生活の中で自分に直接関わる運命、もしくは身近かな肉親、同族に関わる運命に対するのと同じように、心を向けることができない間は、オカルト的進歩にとって私たちの心は、基本的にまだ十分にふさわしいとは言えません。

　ですから、現在の霊学が真のオカルト的進歩のための正しい準備になってくれるのは、真剣に、尊厳をもって学ぶときなのです。世界について、惑星の運命、人類の運命、人類期についての人智学的な展望に何の興味も持とうとしない人、現在の物質生活の小さな利害関係にこだわっている人には、決して受け容れられないと思いますが、ふさわしい仕方でオカルト上の進歩のために努める人たちにとって、このことはみずからの眼差しをあの目標へ向ける準備をしているのです。つまり人類、地球、惑星系全体を自分の関心にまで高めるという目標へ、です。

　実際、霊学研究を通して、自分の関心が次第に研ぎ澄まされ、拡げられ、そしてオカルト上の修行をしなくても、オカルト上の諸真実を理解するようになるとき、そのとき初めて、オカルト上の道のための正しい準備ができるのです。

　私たちの時代の多くの人たちは——知識人といわれている人たちのことではなく

——、一見単純な立場で単純な生活をいとなんでいる多くの人たちが、自然的な本能によって、全人類への関心を持っています。だからこそ、人智学は時代に合った思想になれるのです。

　ですから、まずはじめに学ばなければならないのは、オカルト的な体験の出発点がなんらかの魂の強烈な震撼なのだ、ということです。そしてアルジュナの体験の出発点に、そういう契機が見事な仕方で示されています。彼は修行によって進んでいくのではなく、彼の運命によって導かれます。彼は戦いの中に置かれるのですが、その戦いの必然性、目的、目標は認識できぬままに、ただひたすら自分の親族の者たちが互いに戦おうとしているのを見つめています。アルジュナは、兄弟同士が戦っているのをただ見つめるしかないのです。彼の魂は、心の奥底から震撼させられています。彼が見ることのできたのは、すべての先祖代々の教えが崩れ、一族が病み衰え、死滅せざるをえなくなっているという事実です。一族の道徳は地に落ちます。そうなったら、人びとを永遠の運命に従ってカースト制に組み入れる掟《おきて》も危くなります。そして、カースト制もあやふやになってしまい、仲間も、一族も、さらには全世界も、人間であることの意味までも、疑わしくなってしまいます。

これがアルジュナの思いでした。まるで足下の大地が失われ、深淵が彼の存在を捉えようと口を開けているかのようです。アルジュナのような人は、こんにちの人間にはもはや知ることのできない、太古からの伝承や教えを、感情の力で受けとることができました。すなわち、種族から種族へ、世代から世代へと伝えられるものは、女の本性と結びついており、血族や世代の関連から引き離された個人的、個性的なものは、男の本性と結びついている、という教えをです。

人間を世代の系列として結びつけるもの、共通の本性、人間の種族性として遺伝するもの、それは女が子孫へ遺伝する部分です。人間を特別のもの、個性あるものに形成するもの、人間を世代の継列から引き離すもの、それは男が与える部分です。もしも血が血と戦わなければならないとしたら、女性の合法則性の中に悪《あ》しきものが入り込むことになるのではないのか。アルジュナはそう思わずにはいられません。

それだけではありません。アルジュナは別の感情も受けとりました。それは人類全体の進歩に関わるすべてに対する感情です。すなわち、祖先たち、父たちは尊い存在である。祖先たちの魂は、あとに続く子孫たちを守っている。そして、祖先たちの聖なる魂である「マーネン」［マネス＝古代ローマの伝承で使者たちの霊魂のこと］、つまり、祖先たちの聖なる魂にいけにえを捧げる、いけにえの火を捧げるのは、偉大な聖なる務めである、という感情です。

しかしそのアルジュナが見たのは、何だったでしょうか。祖先たちのための祭壇の火の代わりに、共通の祖先たちのために祭壇に供犠《くぎ》の火を点《とも》す代わりに、戦いつつ殺し合う姿でした。

ある魂を理解しようとするのなら、その魂の思いの中に入っていかなければなりません。なぜなら魂は思いと深く結びついており、その思いはいのちと深く結びついているからです。そこで考えてみて下さい。アルジュナのその思いと、彼の周囲で血なまぐさい戦いが兄弟同士の間でくりひろげられていることとの間の違い、無限に大きな違いをです。

つまり、運命がアルジュナの魂に根底から揺さぶりをかけているのです。この上なく深刻な出来事が生じて、この魂にとってまるで足下の大地が消え、恐ろしい深淵が口を開いて待ちかまえているかのようなのです。

このような心の震撼は、魂の中の霊的な働きを目覚めさせ、いつもはヴェールに被われているオカルト的な現実を開示してくれるのです。これはまさに、バガヴァッド・ギーターの重要な、緊張を孕んだ一瞬です。すなわち、抽象的な仕方で、アカデミックに、神秘学を教授するというだけでなく、アルジュナの運命から生じるべきものがどのように生じてくるかを、最高度に芸術的な仕方で私たちに示してくれる瞬間なのです。

さて、深いオカルトの力がアルジュナの魂に現れ、この力が内観できるようになったあとで、そのような人には当然現れうることが生じます。すなわち、彼の馭者がクリシュナ神の語る道具になるのです。私たちは最初の四章の中に三つの段階を認めます。そしてどの段階もそれに続く段階のほうが高いのです。段階的に新しいことが生じます。その高まりは深いオカルト上の真理に応じているのですが、それだけなく、この最初の四章には、すばらしい芸術的、演劇的な高まりも見られます。

三つの段階の第一は何でしょうか。第一は基本的に、西洋の大抵の人にとって、当り前だと思えるような教えです。ついでに申し上げれば、西洋または西方とは――私はまさにここにおられる皆さんを顧慮して申し上げるのですが――、西洋とはウラル、ヴォルガ、カスピ海、さらには小アジアより西に位置するすべてのことです。ですから、当然ヨーロッパ全土です。東洋は本質的に、その彼方のアジアに位置します。もちろんアメリカは西洋に属します。

この第一段で問題になるのは、ひとつの特徴的な、哲学的な感性にとっては、ありきたりな教えです。一体クリシュナは、はじめに、アルジュナに戦いへ向かわせる励ましの言葉として、何を語るのでしょうか。あなたたちに殺される人たちを見てごらんなさい。そして生き残る人たちも見てごらんなさい。そして次のことを考えてみなさい。

敵にも、味方にも、死ぬ人、生き残る人がいるが、確かなことは一つだ。死ぬのも生きるのも、外なる物質としてのからだだけだ。霊は死なない。永遠に存在する。あなたたちが敵方の誰かを殺すなら、殺されるのは外のからだだけだ。霊を殺すのではない。霊は永遠なのだから。そしてあなたたちの誰かが殺されるのも、あなたたちのからだだけが殺される。霊は転生し続ける。霊は永遠なのだ。あなたたちは戦場において、人間の永遠の本性、もっとも深い本性には触れていない。アルジュナよ、霊の立場に立って戦いなさい。そうすれば、殺されることなく、生き続けるものに眼を向けることができるだろう。義務に従いなさい。恐れる必要はない。絶望する必要はない。あなたが敵を殺しても、人間としての本質的なものを殺すわけではないのだから。

こういう言い方は、ある意味では、ありきたりです。ただ、ありきたりといっても、まったく特別な言い方です。西洋人は多くの場合に、まったく短絡的な考え方をしています。意識の在りようが狭いのです。すべてが進化していることに気づかずにいます。今述べたクリシュナの教えをありきたりだと言うのは、次のように言うことと同じです――「ピタゴラスは偉大な人物だと思われているが、彼の定理は中学生ならみんな知っている」。

ピタゴラスの定理を中学生ならみんな知っている、ということから、ピタゴラスがピタゴラスの定理を発見したからといって彼を偉人だとは言えない、と結論づけるのは馬鹿げています。そのことは誰にでも分かります。誰でもそんな結論づけに同意しないでしょう。

しかし、私たちはこんにちの西洋のすべての哲学者たちには周知のテーマ、霊の永遠不滅が、クリシュナの時代には偉大な叡智だったことに気づかなくなってしまっているのです。

アルジュナのような魂をもった人たちは、こう感じていました。——血縁の者同士は戦い合ってはならない。われわれの中には、同じ血が流れている。しかしまったく新しいこと、時代的にまったく新しくアルジュナの魂の中に響いてきたのは、抽象的な言葉で語られた命題、霊は永遠である（霊はいつもはただ人間の中心にある、と思われています）、霊は永遠である、そして変転の中で、一生から一生へと進んでいく、という命題でした。

アルジュナの周囲の人びとはみんな、輪廻転生を具体的に信じていました。クリシュナが教えるような、一般化、抽象化された教えは、特にアルジュナの状況にあっては、まったく新しいものでした。

今述べた事柄が、なぜ特別の意味で当り前の真理だと言われなければならないのか、これがひとつです。しかしこのことは別の意味でも、言われなければなりません。

私たちが公認の学問を学んでいるときにも、誰にも当り前だと思われている私たちの思考、抽象的な思考は、人間にとっていつでも当り前な、当然なことだったのではありません。こういう事柄の性格づけをおこなう場合、極端な例を挙げるほうが分かりやすいと思います。皆さんにとって、次のような言い方は奇妙に思えるかも知れません。

皆さんにとって、例えば「一匹の魚」について語るのは、当然のことです。しかし未開な民族の場合には、当然のことではありません。未開な民族は、ます、さけ、ぼうだら、にしんのことなら、よく知っています。しかし「さかな」のことは分かりません。なぜなら、そういう一般化、抽象化にまで思考が及んでいないからです。白樺、桜、オレンジの木のような個々の樹木のことは知っていますが、「樹木」は知りません。私たちにとってまったく当然である、一般概念による思考は、こんにちでも、未開の民族の場合は、まったく当り前のことではないのです。

この事実を眼の前にするなら、こんにちの意味で「概念による思考」と呼ばれるものもまた、人類の進化の過程で生じたものであることを意識せざるをえなくなります。論理学がなぜ古代ギリシアになって初めて現れたのかを少し考えてみるなら、論理的思考が元来、バガヴァッド・ギーターが作られた後の時代になって初めて存在するようになったというオカルト的認識を当然のこととして受け容れられるでしょう。

クリシュナは、論理的思考、抽象的思考を、人類の新しい所産として、アルジュナに教示します。しかし人間が新たに創出したこの思考を、こんにちの人は、まったく当然のこととして受けとっていますが、しかしこの思考をこの上なく間違った、自然に反した仕方で受けとっています。そしてまさに西洋の哲学者たちが、この思考についてこの上なく間違った受けとり方をしています。なぜなら、哲学者たちは通常、この思考を外的、感覚的な現実を写しとったものにすぎないと思っているのですから。

一般に概念、理念は、人間の中におのずと生じてくる、と信じられています。このまったく内的な思考作業が、物質的な外界からおのずと生み出された、と信じられているのです。図書館に収められているすべての哲学書は、この思考が本来、物質的外界に刺戟されて生じたものにほかならないことを証明するために書かれているのです。私たちが今生きている時代の中で初めて、この思考が正しく評価されようとしています。

ここで私は、まさに自分の魂でオカルト的な進歩をしようと望む人たちのために、特に大切な点について語ろうと思います。私は、これから申し上げようとする事柄について、できる限り分かりやすく語るつもりです。

たしかに中世の錬金術師たちは――私は今日は中世の錬金術師たちが本来このことで何を言おうとしているのか、説明する余裕がありませんが――、彼らはこう述べていました。

人はすべての金属から金を作り出すことができる、思うままに金が作り出せる。ただそれには、あらかじめ一片の金をわずかでも用意していなければならない。そう述べていました。一片の金を、どんなにわずかでもあらかじめ持っていなければ、金を作ることができない。少しでも金があれば、好きなだけ金を作ることができる、というのです。

金を作ることができなくても、このことは見霊体験にもあてはまります。どんな人も、魂の中にあらかじめ、ごくわずかでも見霊体験を持っていなければ、実際の見霊に到ることはできないでしょう。人間とは見霊的な存在ではない、と一般に信じられているのなら、その人間がそもそも見霊的になることはないでしょう。実際、多くの金を出現させるためには、あらかじめわずかでも金を持っていなければならない、と錬金術師が述べるように、人が見霊力をますます限りなく発達させていくためには、どうしても、すでにどこかで見霊的になっていなければなりません。

私たちはみんな、次のような二者択一を迫られています。――それでは、たとえどんなに僅かな程度でも、われわれは皆、見霊者であると思うのか、それともわれわれの中の見霊者でない者たちは、決して見霊的になることはない、と思うのか。

皆さん、大切なのは、この二者択一の前者のほうが正しい、と理解することです。つまり皆さんの中の誰一人として、自覚している、いないにかかわらず、この出発点を持っていない人はいないのです。皆さんはみんな、この出発点を持っています。皆さんはみんな一定量の見霊体験を持っています。ですから、霊的な欠乏に苦しむ必要はありません。

それでは、この一定量の見霊とは何のことなのでしょうか。それは通常、見霊体験であるとは思われていないことなのです。

ここで卑俗な例を挙げさせていただくなら、真珠がひとつぶ道に落ちていたとします。にわとりが一羽やってきて、それを見つけますが、にわとりには真珠の値打ちが分かりません。近代人というのは、大抵はそういうにわとりのような存在です。外に落ちている真珠の値打ちが分からないのです。近代人はまったく別の仕方で評価します。すなわち、自分の表象内容にして評価するのです。

もしも誰かが見霊的でなかったなら、その誰かは抽象的に思考することも、実際の思考内容や理念を持つこともできなかったでしょう。実際、見霊という真珠は、通常の思考内容や理念の中に、はじめからころがり落ちているのです。そういう思考内容や理念は、まさに魂の中で、真珠と同じ経過を通して生じます。どんな思考内容も、同じ魂の経過を通して生じるのです。

大切なのは、見霊の始まりは本来まったく日常的な現れ方をする、と理解することです。だからこそ、私たちは概念と理念の超自然的な性格を理解できなければならないのです。概念と理念は、超感覚的世界から私たちのところにまでころがり落ちてきます。そのおかげで私たちは、事柄を正しく受けとれるのです。

私が皆さんに高次のヒエラルキアの霊たちについて、セラフィーム、ケルビーム、トローネから大天使、天使にいたるまで、お話しするとき、そうするのは、高次の霊界から人間の魂に語りかけてくる本性たちなのです。理念と概念は、この高次の霊界から魂のところにまでやってくるのです。それらはまさに、高次の諸世界から魂の中に入ってくるのであって、感覚界からではないのです。

一八世紀に、ある偉大な啓蒙思想家が発した偉大な言葉があります——「人間よ、お前の理性を大切に活用しなさい」。

こんにちなら、さらに一段と偉大な言葉を響かせなければなりません――「人間よ、お前の概念と理念をお前の見霊能力のはじまりとして活用しなさい」。

今言いましたことを、すでにずっと以前に、一般社会に向けて語ったことがありました。つまり私の書いた『真理と科学』と『自由の哲学』の中で、です。そのときの私も、人間の諸理念は超感覚的、霊的な認識に由来するものだ、と論じました。当時はそのことが理解されませんでしたが、しかし、当然のことです。なぜなら、それを理解してもらいたかった人たちは、当時は、どうしようもなく、にわとりの仲間だったのですから。

しかし今、私たちはよく分かっていなければなりません。クリシュナがアルジュナの前に立ったとき、クリシュナは人類史全体の中で初めて、抽象的な思考を行使しながら、超感覚的世界の認識のための出発点をアルジュナに与えた、ということを。

霊は、外的に多様に変化する感覚世界の内部で、見えるものになることができます。体は死ぬことができます。霊は、抽象的、本質的なものは、永遠です。現象の表面で、その霊的なものが完全に見えるものになるのです。このことをクリシュナはアルジュナに、人間の新しい見霊能力のはじまりとして、はっきり分からせようとしました。

真理を内的に体験しようとするなら、現代の人にとってひとつのことが大切になります。現代人が内的に真実を体験しようとするなら、一度はこの世の諸行無常を感じとりながら、無限の悲しみの気分を身をもって体験しなければなりません。事物から流れてくる無情の吐息を感じとらなければなりません。そして同時に、生成の至福の喜びの感情も知っていなければなりません。感覚世界の生成と消滅に身をゆだねることができなければなりません。この上ない苦しみとこの上ない至福を外の世界の中で感じとれなければなりません。そして概念と理念をもって、たったひとりでいなければなりません。そうすればいつか、こう感じることができるに違いありません――「お前はこういう概念や理念によって、宇宙の秘密、宇宙の経過の一端をつかみとっているのだ」。

この表現を私は以前、『自由の哲学』の中で用いたことがありました。しかし大切なのはこのことを概念的に理解するだけでなく、体験できなければなりません。しかし、それを体験しようとすると、この上ない孤独の中で体験することになります。

そのときにはさらに、次のような感情もついてきます。一方では宇宙に拡げられた理念界の壮大さを体験しますが、他方で自分の概念、理念と一緒にいようとしますと、この上ない厳しさで、自分が空間と時間から切り離されて、孤独になってしまうのです。ぞっとするような冷たさを体験します。今、理念界が一点に、この孤独の一点に収斂《しゅうれん》してしまうのです。

「今、お前は、理念界と共に、孤独になっている」――そういう体験をします。この体験をすることが大切なのです。そのとき人は、理念界が信じられなくなり、魂が揺さぶられます。そしてこう思います――「多分こういうすべては、お前そのものなのだ。多分お前自身が孤独に生きるときにのみ、真実が現れるのだ」。そのとき、存在における一切の疑惑が無限に大きくなるのです。

理念界の中でこの体験をし、存在におけるすべての疑惑が厳しく魂にのしかかってくるとき、そのとき初めて、自分に理念を与えてくれたのが、物質界の無限の空間、無限の時間なのではないと理解できるだけ、魂が成熟したと言えるのです。

今はじめて、厳しい疑惑の末に、霊的諸領域が開示されます。そして疑惑がどんなに大切なものだったのかを知るのです。なぜならそれまでは、諸理念が時間と空間から魂の中に入ってきたと思い込んでいたのですから。

しかし今は、何が感じられるのでしょうか。理念界が霊界に由来するのを体験したあとで、その理念界をどう感じとるのでしょうか。

今、人は初めて霊感を感じとります。以前は自分の周囲を、無限に荒涼とした土地が奈落のように取り巻いていたと思っていたのに、今、奈落から聳え立つ岩石の上に立つ自分を感じ始めるのです。そして、次のようにその自分を感じます――「今、お前は理念界と結びついている。感覚界ではなく、霊界がお前を理念界と結びつけてくれたのだ」。

これが進歩する魂にとっての次なる行程です。この行程は、こんにちではすでに通俗的な真実になってしまっているものを、真剣に問題にするところから始まります。そのような思いを心の中に抱くことは大切な前提を用意することなのです。その前提とは、アルジュナの魂が心を震撼させられたあとで、クリシュナが最初の真実としてアルジュナに与えた内容を受けとるための前提です。その内容とは、変転の中で生きる永遠の霊についての真実です。概念と理念は、抽象的な理解力に向かって語られます。一方、クリシュナはアルジュナの心に向かって語ります。その場合、理解力にとっては、まったく通俗的だと思える事柄が、心にとっては無限に深い、崇高な内容になるのです。

　すでにお分かりのように、最初の領域は、バガヴァッド・ギーターの冒頭で展開されている、生命の深い危機です。そして第二の領域のことは、これまで非常に安易に語られてきました。しばしばこの領域のゆえに、神秘学はドグマ（断片的な教理）とされ、忠誠と信仰にもとづくもの、一種の福音と見做されてきました。

　このことを説明するために、次の点に注意をうながしたいのです。つまり、もしも誰かが現れて、次のように言うとしたら、限りなく安易な態度だと思われてしまいます。誰かが『神秘学概論』を発表し、その中で土星紀、太陽紀、月紀について論じました。人はこのことを点検できません。せいぜい、どこかの「教義」として次のように受けとるしかありません——「そのような教義が述べられたのなら、私はそれを理解しようとするだろう。実際、そのような事柄を理解することならできる。われわれの時代の皮相な態度で理解することならできる。実際、われわれの時代は皮相なのだから」。

　こう述べることは、立場次第でありえます。しかし、その場合には『神秘学概論』から、土星紀の記述の前に述べられている内容をすべて省略していることになります。

もし誰かが『神秘学概論』をいきなり土星紀の章から始めたとしたら、この章は科学的ではなく、教義的、独断的になってしまいます。その著者は独断論者になってしまいます。しかし、その著者があらかじめ他の諸章を論じていたのなら、その著者は独断論者だとは言えません。なぜなら、自分の魂がこういう立場に立つに到ったのにはどんな道を歩まねばならなかったか、を述べているのですから。このプロセスが大事なのです。大切なのは、一人ひとりの魂が深い自己認識を獲得するために、そのような観点に到らざるをえなかったことを明示することなのです。そうすれば、独断論に陥らずに済みます。

ですから、クリシュナがアルジュナに向かって、アルジュナをオカルト的世界へ導き入れようとし、そしてアルジュナに理念界をはっきり示したあとで、次の段階を示したことを、どんな魂も正しい出発点から始めるなら、神秘世界へ参入できることを示したことを、当然のことと感じることができるはずなのです。

そのためにクリシュナは、どうしなければいけないのでしょうか。そのためにクリシュナは、一切の独断論を拒否しなければなりません。実際にクリシュナは、すべての独断論を徹底して拒否します。

この第二の段階に到ると、ただちに厳しい言葉が発せられます。何世紀にもわたって、あの時代の聖なる教えだったヴェーダの内容が徹底的に拒否されるのです。――ヴェーダに頼るな、ヴェーダの言葉を信じるな、ヨーガを実践せよ。つまりお前の魂の内なるものを大切にせよ、と言うのです。何が語られるのか、注意深く知ろうとしなければなりません。

クリシュナにとって、ヴェーダが誤りを含んでいる、というのではありません。しかしクリシュナはアルジュナがヴェーダの弟子たちのように、ヴェーダの内容を鵜呑みにするのを望みません。クリシュナは人間の魂の根源的な出発点から始めさせようとします。ですから、すべての独断的な叡智からアルジュナを引き離そうとします。

そこでクリシュナはこう語ります。まるで独りごとのようにです。――クリシュナが自分に向けて、独りごとのように語るのを想像してみて下さい――こう語ります――「アルジュナが結局、ヴェーダと一致するところにまで達するとしても、私は彼をヴェーダから引き離しておかなければならない。なぜなら、自分で自分の道を、魂の根源のところから歩んでいかなければならないのだから」。

ヴェーダはクリシュナによって拒否されます。ヴェーダが真実を含んでいようが、真実でないものを含んでいようが、拒否されるのです。なぜなら、アルジュナは魂の根源のところから道を歩まねばならないのですから。アルジュナは自分で、自分から、クリシュナと知り合うべきなのです。アルジュナの場合、上なる超感覚的世界の具体的な真実に参入できるときまで待たなければなりません。ですから、バガヴァッド・ギーターの世界における一般人間的なもの（苦悩と喜び）にアルジュナの注意を向けたあと、クリシュナはヨーガから何を得ることができるかをアルジュナに認識させようとします。アルジュナはヨーガをまず実践しなければならないのです。これが次なる階梯へ高まることなのですから。

バガヴァッド・ギーターは、この最初の四章の中で、もっとも個性的なものへの劇的な高まりを示しています。この点については、明日第三講でもっと詳しくお話しするつもりですが、クリシュナは、アルジュナが次の段階へ昇るためにやりとげなければならない道を、すなわち概念と理念の日常的な見霊からヨーガによるのでなければ達成されない見霊への道を述べます。概念と理念は正しい光の下に置かれればよいのですが、アルジュナはヨーガに向かわなければなりません。これが第二の段階です。

第三段階は、さらに劇的な高まりを示します。再びひとつの深いオカルト的な真理が語られます。この第三の段階はどこにあるのでしょうか。

誰かが真剣にヨーガの道を歩むとします。この道を歩む人は――それについてはもっと詳しくお話しするつもりですが――、通常の意識から高次の意識段階へ昇っていきます。そこでは生まれてから死ぬまでの間の自我だけなく、転生を通して生きる自我も働いています。

この拡大された自我の中で、魂はみずからを認識します。魂は拡大された自我、拡大された意識へ成長していきます。魂は基本的に日常的でもある過程を通っていくのですが、しかし、更なる過程は、日常性の中では十分に体験されません。

人は毎夜、眠りにつきます。そうすると、自分の周囲の感覚世界は死に絶えます。その人はこの感覚世界に対しては意識を失います。けれども、そのとき魂にひとつの可能性がひらかれます。感覚世界を睡眠中の時のように消失させるのですが、それは高次の世界を現実として生きるためなのです。

こうして人間は、高次の意識段階へと昇っていきます。私たちはヨーガについて、近代の修行について語る必要があると思っていますが、自分の個人的な意識で生活し、感情を働かせ、そして認識するだけではなく、地球全体と共に生き、感情を働かせ、そして認識するなら、人間は高次の意識段階へ昇っていきます。そして通常の感覚的な事情は眠りの中でのように消えてしまいます。

しかしそのためには、人間が惑星の魂、地球の魂と自分を同化させなければなりません。後で述べるように、人間はそうすることができるのです。人間は眠り、そして目覚めるだけでなく、それとは別に、もっと別の地球のリズムをも体験します。すなわち、冬と夏のリズムをです。

人間がヨーガの道を歩み、もしくは近代のオカルト的な修行を実践するとき、眠りと目覚め、冬と夏のリズムを体験する通常の意識を超えて、みずからを高めることができます。そのとき人間は、自分自身を外から眺めることで、自分を向上させることができます。

人間は、外の事物を見るのと同じように、自分自身に眼を向けることができます。人間は自分の身体が自分の内面生活の外側で姿を、つまり大地に生育している植物と同じような姿をあらわしているのに眼を向けます。人間は物質科学のいう神経を、睡眠中に人間の植物系が生長したものとして知覚するようになります。

人間は眠りから再び目覚め、日常意識を取り戻しますと、この自分の中の植物系が再び縮んで、思考、感情、意志の道具になるのが感じられます。

人間は、地上での冬と夏の交替に似て、自分がからだから抜け出たり、再び入り込んだりするのを感じとります。つまり、睡眠中の夏の状態、覚醒時の冬の状態を感じとるのです。外的、表面的な概念に従って考えるときとは逆になります。人間はこの時点から、大地の霊（Erdgeist）が夏眠り、冬目覚めるのであって、逆ではないことを理解するようになるのです。

人間は以上のことを学び、自分と大地の霊との合一という大きな体験をします。そしてこのときから、こう思うようになります。――私は自分の皮膚の中で生きているだけではない。細胞が生体内に生きているように、私は大地の生体内で生きている。大地は、夏眠り、冬目覚める。ちょうど私が毎日夜眠り、昼目覚めているように。そして細胞が私の意識に対するように、私は大地の意識に対している。

ヨーガの道、特に近代的意味でのそれは、意識のこの拡がりへ導き、私たち自身の本性とそれを取り巻く存在との同一化へと導きます。

私たちは、そのようにして、地球全体と結びついているのを感じます。そしてそう感じるとき、もはや私たちが人間として、特定の時間、特定の場所に結びつけられているとは感じなくなります。私たちは人間本性として、地球の始めから地球の終わりまで進化を遂げていく、と感じるのです。

私たちは地球の進化を通じて、私たちの進化の無限の系列をも感じます。そのようにヨーガは、地球進化の中での輪廻転生の全体を実感できるようにしてくれるのです。これが次なる第三の段階です。

これはまた、バガヴァッド・ギーターの美しい芸術的な構成を生じさせたものでもあります。すなわち、この崇高な歌は、その内なる芸術的な、高まりを示す構成の中で、オカルト的な深い真実を映し出しているのです。すなわち、第一に通常の、当時における日常の諸概念を用いた教示を、第二にヨーガの道の指導を、第三に地球全体を超えたすばらしい地平の拡大を、です。この第三の段階については、クリシュナがアルジュナの前で次のように語ってくれています――「お前の魂の中に生きているすべては、何度も生きていた。お前はそのことを知らない。しかし、私が生き抜いてきたさまざまな変化、変身を振り返って見るなら、そう言えるのだ。私は、お前も私が感じるように感じられるように、お前を導こうと思う」。

これは新しい劇的な瞬間です。美しいだけでなく、深くオカルト的な真実の瞬間です。

人類の進化とは、日常の意識から、途上の真珠から、日常の思想世界、概念世界から、私たちの内なる真実を、地上の受肉から地上の受肉への生きていくことの真実を展望させてくれるまでの人類の進化のことなのです。

第三講

一九一三年五月三〇日

先回の講義では、以下のことを示そうとしました――「現在の抽象的な思考は、本来外なる物質界のではなく、霊界の賜物《たまもの》である。だから基本的に、この抽象的思考は、高次のヒエラルキアの本性たちの啓示と同じ仕方で、人間の魂の中に生きている」。

ですから、私たちの日常生活、通常の生活の中には、すでに見霊認識の在りようがすべて存在しているのです。

しかし私たちはさらに、人間として、基本的に見霊認識のための別の本性をも、みずからの中に担っています。ただ、もっと隠された仕方でではあるけれども。それは通常の日常的な覚醒状態と睡眠状態との間に現れる、あの夢意識のことです。魂の薄明り状態に現れるあの奇妙な夢のいとなみを解明しようと試みない限り、高次の世界への人間の魂の高まりを実際に知ることはできません。

一体、夢とは何なのでしょうか。まず通常の生活の中に現れる夢のことを考えてみましょう。

人間は自分の周りに、もしくは自分の前に、像をもちます。その像は通常の日常生活での知覚内容よりも、もっと慌ただしい、もっと漠然とした輪郭をもって現れます。夢の像は魂の前をいわば掠《かす》めすぎます。そしてこの夢の像を冷静に考察すると、大抵の場合、この夢の像がなんらかの仕方で、私たちが物質界の中で過ごした外的生活と関連していることに気づかされます。

たしかに安易な気持ちで、いわば高次のすばらしいもの、高次の世界からの啓示を夢の中に見ようとする人もいます。あれこれの夢が現れるとき、夢が通常の生活の中ではまだ体験したことのなかったような何かを与えてくれる、と安易な気持ちで信じてしまう人がいます。夢が通常の生活にとって新しいもの、決して存在することのなかったものを魂の中へ呼び入れる、と思っているのです。

夢をそのように受けとってしまうと、多くの場合というか、大抵の場合、夢に騙されてしまいます。夢があまりに不確かなので、多かれ少なかれ短い時間に、時には何年も前に外の物質界で体験したことが夢のいとなみ、夢の流れとなって現れているのに気がつきません。

ですから私たちの時代の唯物主義的認識は、夢の特別な啓示を簡単に退けて、どんな特別な夢も、物質生活の中で経験したことの残像でしかない、と指摘しています。現代の唯物論的な夢解釈は、本来、人間の脳が外的物質界の残像を保っている、そのことの結果として夢が現れる、ということを前提にしているのです。

そういう外的な、唯物論的な夢解釈は、夢のいとなみのどんな高次の意味をも簡単に退けてしまいます。そうならざるをえません。

ある時代の人びとは、夢を通して高次の啓示を体験することができると信じていましたし、別の時代の人びとは、そういう像が見えるとは思っていません。例えば、現代の人びとは、一九世紀になってやっと可能となった発明、発見に由来するイメージも夢に見ます。新しい生活に由来するイメージも、夢のいとなみの中に忍び込むのです。

夢の体験を解明し、そのことによって神秘世界への参入を可能にしようとするのでしたら、まさに夢の分野においては、可能な限り用心深くしなければなりません。そういう人は、注意深く、隠された道を辿ることに馴れなければなりません。そうすれば大抵の場合、夢が外の世界で経験したことの現れであることに気づかされます。

しかし、この夢のいとなみをさらに注意深く探求しようとすると——神秘学徒であろうとする人は、誰でもそうすべきですが——、その人は夢のいとなみの中に、これまでの現世の人生の中では経験できなかったようなものごとが現れてくるのを次第に認めるようになるでしょう。

私の著書『いかにして超感覚的世界の認識を獲得するか』で述べた助言に従う人は、その人の夢のいとなみが次第に変化し、夢が違った性質のものになっていくのに気づくはずです。そのような最初の経験のひとつとして、次のことができるようになるでしょう。——

謎めいた何事かについて長い間あれこれ考えた末に、多分次のような結論に達するのです——「今のお前の知性では、自分の魂の力でこの謎を解くところにまでは達していない。これまで外から学んできた事柄もそれを解くには不十分だ」。

このような人は多分——多くの場合に言えると思いますが——、次のように思えるところにまでは、まだ達していません——「お前は夢を見る。その夢の中でなら、この謎を解くことができる」。

このような意識はすぐには持てないでしょう。でも、なんらかの高次の意識を持つことができるようになるのは、比較的初期の段階で可能になると思います。その人はいわば、夢から醒めて、その夢を思い出しながら、思わずこう言えるようになります――「たしかに私は、今問題にしている事柄を夢に見てはいない。私はまた、以前見たことのあるような夢を意識して見ていたわけでもない。けれども、私にこの謎を解き明かしてくれる存在であるかのような何かが、私のところへやってくる。そのことが思い出となって立ち現れてくる」。

今述べた著書によって、次第に意識を拡大することに馴れてきた人なら、このような事実は比較的容易に経験するようになるでしょう。

私たちは、夢の中で体験したことを思い出すかのように、これまで知ることもなく、体験したこともなかったようなことを知るようになるでしょう。自分の魂の暗い奥底から光り輝くかのように、そのような何かが現れるのです。そのような自分の体験に対しては、次のように言わざるをえません――「お前の賢さ、お前の知性では関われないことが可能になった。お前が知的な判断からお前の魂を護ったおかげで、お前の魂は、お前の知性では歯の立たない謎解きをすることができるようになった」。
たしかに唯物主義的な学者なら、このような経験に対して唯物主義的な説明をすることが簡単にできてしまうかもしれません。しかし、こういう経験をすることのできた人は、自分の経験が、通常の生活の単なる思い出とはまったく違ったものを示しているのに気づいています。

何をおいても、このような体験をするときの魂の気分がこれまでとは違うのです――「実際、お前はこんな魂の気分をこれまで一度も持ったことはなかった」。

魂の深みの中にいつもの日常意識以上のものを持っていると思えるのは、すばらしい至福の気分です。魂のいとなみのこのような認識、これまで把握することのできなかった何かを思い出しているかのような思い、それは魂の中で生じた事柄よりももっとはっきりした、はるかに気を引き立たせてくれるものになりうるのです。その思いは、魂のいとなみの意識的な認識の中に、はっきりと現れてきます。そのことは、以下のような場合に生じます。

この魂の体験の中に、外的な日常生活の通常の体験、多分数年前に生じた体験への思い出が混入した、と思ってみて下さい。それは多分厳しい運命の打撃と呼べるような、心の痛む、決定的な体験でした。その体験のことはずっと痛みと共に忘れられずにいました。こういう体験に対しては、本当にはっきりした意識をもつことができますが、その体験が記憶に思い浮かぶときには、いつも辛い思いを伴っていました。

今ふたたび何かが或る夢の思い出のように、心に浮び上ってきます。しかし、その夢は非常に独特な夢で、私たちにこう語りかけてくるのです――「お前の魂の中に生きている感情は、あらゆる力を用いて、この厳しい体験を受けとってきた。お前の魂の中に生きている何かは、一種の喜びをもって、この運命がお前に生じるように、あらゆる状況を用意し、準備したのだ」。

そして今、このような思いをもつ人は、次のことも分かっています――「外的な諸事情を秩序あるものにしようとしている通常の意識の中で、この運命の打撃を、辛いとか、苦しいとかと感じなかった時はなかった。お前がそのことを辛いとか苦しいとか感じなかった瞬間は、お前の現在の受肉期（人生）においては、なかった。けれどもお前の中には、この運命の打撃にまったく違った関わり方をする何かがある。その何かが、あらゆる力を働かせて、この厳しい運命の打撃をもたらす状況を生じさせようとしてきたのだ。当時のお前は、磁力のようにこの運命の打撃を引き寄せる何かが自分の中にあるとは思っていなかった。お前はそのことを知らずにいた」。

しかし今、日常意識の背後で、魂の深層で、叡智が働いていることに気づかされます。私の著書『いかにして超感覚的世界の認識を獲得するか』に述べられているような訓練を精力的に行う人、一般にそのようなことを経験したことのある人は、以下のことに気づかされます――「今のお前の魂は、眼の前に立ち現れる運命に対して共感もしくは反感を持ちながら、外なる世界に対している。そのような意識で、これまでのお前は運命の打撃に対して感情を働かせてきた。お前は運命の打撃を反感と共に辛い、苦しいものと感じていた。しかし、お前は自分の中に更なる魂のいとなみがあることが分からなかった。その魂のいとなみは、お前のいつもの日常意識が反感をもって感じているものを、この上ない共感をもって経験し、体験しようとしているのだ」。

私たちがこのような体験をしますと、唯物主義的な学者がやってきて、そういう体験は日常生活の名残りにすぎない、と言うかもしれませんが、私たちは単なる日常生活の名残りとそのときの体験とが別のものだということを知っています。なぜなら、そのような名残りであるなら、いつでも日常生活の中で考えてきた辛さ、苦しさが混っているに違いないからです。私たちの体験するものは、どんな名残りともまったく違う、まったく別の在り方をしています。なぜなら私たちは、魂のもっとも深い内部では、私たちの予想するのとはまったく違う人間なのですから。そのような内部が私たちの魂の前に現れます。そうすると私たちは、日常意識の入り込めない領域からの啓示を受けたことを悟るのです。

こういう経験をすると、魂のいとなみについてのイメージが拡がり、魂のいとなみが生まれてから死ぬまでの人生とはまったく違う何かであることを経験を通して学びます。しかし、今述べた魂の深層に沈潜しなければ、意識の境域の奥に、日常とはまったく違った人間がいるとは、予想することさえできないでしょう。しかしそのようにして、魂のいとなみに対して別の、しかし重要な感情、感覚が生じると、この感情体験のために、「世界」と呼ばれているものの「円周」が、新しい領域を取り巻いて拡大します。そして私たちは、実際にひとつの新しい体験領域へ入っていくのです。

まったく違った新領域が私たちの前に開かれます。そしてなぜ私たちが、通常の生活の中では、一定の条件の下でないとこの領域に参入できないのか、そのわけも分かってきます。

以上皆さんに、いわば夢のオカルト的な進歩について述べようと試みてきましたが、そうすることで二つのまったく異なる事柄を述べたことにもなります。一つは日常的な夢の生活ですが、これは大抵の人にとって、目覚めと眠りの境目《さかいめ》に繰り返して現れてきます。私は注意深く観察しましたが、この日常の夢のいとなみは、日常生活の残像によって生じます。

しかし私は、他方では、通常の夢のイメージとよく似た内的体験を通して、一定の前提の下での練習によって、まったく新しい世界が現れてくる、と申し上げました。この新しい世界のことを、私たちはこれまで、この世界に参入するまでは、何も知らずにいました。私たちはこの世界については、次のように言うことができます――「われわれは夢のいとなみの領域の中へ別の仕方で入っていく。そのときは、ひとつの新しい世界が立ち現れる」と。

ですから私たちは一方では、通常の生活の名残りによって可能となった夢の世界を持っています。日常生活の模像から成る夢です。そして他方では、夢の領域に似ていますが、その領域での私たちは、新しい体験を、本当に日常とは異なる霊界の現実を体験するのです。

しかし私たちが夜の浅い眠りの中で、この新しい体験をしようとするのでしたら、ひとつの条件を充たさなければなりません。私たちは日常生活の名残りを、日常生活の映像をすべて排除できなければなりません。そういう映像が夢の領域に関与している限り、その映像は影響を及ぼし続けて、高次の世界の現実体験が生じるのを妨げます。なぜでしょうか。なぜ私たちは、高次の世界を体験できたであろう体験領域の中へ、日常生活の残像を持ち込むのでしょうか。なぜ私たちは映像が重要な働きをする夢の領域の中に、日常生活のこの残像を持ち込むのでしょうか。

その理由は、私たちがどう考えようとも、まさに私たちが自分の日常体験に最大限の関心を寄せているからです。その際、誰かが、自分の人生はそのような外的体験に何の関心もないかのような振りをしていても、そんなことはまったくありえません。そんな素振りにまどわされると、この分野では、最悪の幻想に陥りかねません。どんな人でも、日常生活での共感、反感に依存して生きているのです。

皆さんが一度、『いかにして超感覚的世界の認識を獲得するか』の中に記されている人間の魂の進化のための導きに従って下さるなら、基本的にすべてが日常生活への私たちの関心を改めさせることを目指していることに気づかされるでしょう。

この本の指針は、人によってさまざまな仕方で実践されます。この本はいろいろな人によって読まれます。読む理由はさまざまです。この本に対する向き合い方も実にさまざまです。ある人は多分最高の気持ちで、「この指針に従うなら、自分を進歩させて、高次の世界に出会うことができる」、と思って読むでしょう。そういう好奇心を否定するつもりはありません。

なぜこの世以外の、高次の世界に対して好奇心を抱いてはいけないのでしょうか。――誰かが美しい感情をもって初めてこの本に接するのも、好奇心が刺戟されてのことです。そして、そこに述べられた練習をやろうとします。そして一定の間やり続けます。しかし、長くは続きません。なぜなら、いろいろな内なる感情が、なかんずく大抵は明らかでないような感情が、しばらくすると、その人を引き止めるからです。問題はそのままになっています。けれども真剣に実践しようとするときの私たちは、自分ではっきりさせようとしない感情、しばしば違った解釈をしようとする感情、つまり共感、反感の感情から離れなければならないのです。しかしそうすることは、非常に難しいのです。

このような修行がなんらかの成果を上げるのは、精力的に実践しようとする人の場合、本来それほど長くはかかりません。そしてそうなることができた証《あか》しは、人生の中で共感と反感に変化が生じることとなって現れます。けれども本来私たちは、共感と反感を変えるつもりはないのです。口では、そうするつもりだと言っても、そうするつもりはないのです。

　こういう修行が可能にする本当の成果が実るのは、修行を真剣に受けとり、人生における共感と反感を変化させる人の場合だけです。ただその場合、ひとつ付け加えるなら、共感と反感の感情を変化させるくらいにまで修行を続ける人の数は、とても少なくなりました。

　しかしいずれにせよ、修行を精力的に行うなら、日常生活における共感、反感に変化が生じます。そしてこのことは、とても大事な意味を持っています。日常的な体験が模像となり、連想を呼び起こすものとなって夢の中に忍び込むのを防ぐ力になってくれるからです。

　実際、私たちが何らかの分野で私たちの共感と反感を変化させることができるようになったら、そのようなことは、もはや生じないでしょうから。私たちはその分野において、まったく意味深い経験をします。共感の力のこの変化は、決して特定の高次の領域で生じるというのではありません。共感と反感を変化させるには、なんらかの分野で、ただ精力的に修行を行えばいいのです。その分野は、どんな日常生活上の機会であってもいいのです。しかし、どこかでそのような変化が生じるのでなければなりません。

そういうとき、次のように言う人がいるかもしれません——「私は毎日、朝と夜、修行を続けている。何時間もかけて行っている。しかし霊界の中へまだ一歩も入ることができない」。

そう語る人たちがなぜそうできないのかを理解するのは簡単なことなのですが、そのことをそう語る人たちに分からせるのは、けっこう難しいのです。しばしば同じ人が多分二〇年後、二五年後、時には三〇年後の今まで、修行を続けたあとで、今でも同じ愚痴をこぼしているのです。まったく同じように、同じ愚痴を繰り返しています。

しかし、もっと日常生活に即した場合もあります。神秘学の中で一定の成果をあげている外的な手段を用いる努力をする人たちがいます。例えば、菜食主義者になる人がいます。しかし考えてみて下さい。まったく真剣に何かをあきらめて、新たに何かを行う人たちがいます。しかし、その人たちが何十年間にもわたって修行を続けたたにもかかわらず、何も成果をあげられないのです。そういう人はこう言います――「霊界のほんのひとかけらだけでも体験できればいいのに！」

　そういう人は一度、反省してみる必要があるのです。その人の無意識は多分、何度も繰り返しておいしいビーフ・ステーキのところへ戻っていたのです。牛肉へのかつての思いが立ち切れずにいたからです。その人自身は、別の理由を考えています。肉はからだに必要だ、と考えています。例えば「それを求めているのは、私ではなく、私の脳なのだ」、と。

　したがって、共感と反感の変化に関わる事柄を安易に軽く考えることができなくなります。軽いというのは――『ファウスト』をつい引用したくなりますが――、「軽いというけれども、軽いものは重たい」のです。高次の世界へ昇ろうとする人の進歩しつつある魂の気分を考えるときには、まさにこの逆説をふまえておく必要があるのです。

　ここで問題になるのは、なんらかの共感もしくは反感を変化させることではなく、そもそもどんな共感、もしくは反感をも真剣に変化させることなのです。

　そうすれば、一定の訓練のあとで、夢の生活の領域の中に入っていくときに、いわば日常生活もしくは感覚体験に由来するどんなものも持ち込まなくなります。そうすると、そのことによって、新しい体験がいわば、ところを得るのです。

オカルト上の進化を通して、このような体験が実践できたとき、人間の中にこれまでとは違う意識の層が存在することに気づかされます。

誰でも知っている日常意識、目覚めたときの日常意識の中での私たちは、思考と感情と意志を働かせています。子どものときに、自分のことを意識するようになってから、死に到るまで、私たちは魂のいとなみを意識的に行っています。大抵の人間にそのことが言えます。

しかし、この日常の覚醒意識の背後に、別の意識の層が存在しています。日常生活の中では、この別の意識の中に夢が存在しています。ですから、こう言うことができます――「これこそが夢意識だ」、と。

しかしそれが夢意識であるだけでないことを、私たちは見てきました。それが夢意識になるのは、日常意識の中での体験を、この夢の中に持ち込むからにすぎません。私たちがそうしないで、夢の中から日常意識を消し去るなら、高次の世界から私たちの魂のいとなみの領域の中へさまざまな体験が入ってくるでしょう。

験、しかも夢意識の中でも持てずにいる体験が入ってくるようになるのです。

この体験が夢意識と同じでないのは、このような体験を生じさせることができるためには、日常生活の名残りを夢意識から排除しなければならないからです。

私が今、いわば基本体験として述べたような体験が生じるときには、こういう意識をもはや夢意識とは呼びません。そのとき体験できるものと私たちの日常意識との関係は、次第に現実と夢との関係のように思われてきます。日常意識はまさに一種の夢意識であり、そして、そこから初めて現実が始まるのです。高次の経験の場合、まさしくそうなるのです。

第二の例は感情の場合です。感情を通して、高次の意識が始まる、と言えるような場合です。私たちは辛い運命の打撃を体験します。けれども、私たちの魂の中にこの運命の打撃を求めるものがあったことに気づかされるのです。そのとき初めて、カルマとは何かが具体的に感じとれます。私たちは、この運命の打撃を求めざるをえなかった、と感じます。私たちは不完全な魂でこの世に生まれてきました。そして、この不完全さを意識してではなく、魂の深層において感じたので、この運命の打撃が体験できるように、その運命を磁力のように引き寄せたのです。それによって私たちは、自分の魂の不完全さを克服します。それによって私たちは、重要な現実を生きることができたのです。

　このことをふまえるなら、あれこれを反感で受けとる日常の判断は、何という表面的な行為でしょうか。私たちの魂は、受肉から受肉へと前進していき、ちょっとの間だけ魂は、この運命の打撃を反感によって感じているにすぎません。

　けれども、この世の現実を超えたところにまで魂の眼を向けるなら、魂はみずからの不完全さをいやというほど感じとらざるをえなくなります。そして、通常の意識で感じるときよりも強く、必然を感じます。ますますより完全になっていくことの必然を、です。

　通常の意識がこの運命の打撃を予め知ったなら、この打撃の傍らをすり抜けてしまい、必然性を選ばなかったでしょう。できることなら、反感的な運命の打撃の傍らを怯《おび》えながら通り抜けるでしょう。

　しかし私たちの意識することのない深層意識は、怯えて通り抜けようとしたりはしません。逆に自分の手元に引き寄せようとします。自分をより完全なものにするプロセスとして運命を感じ、そしてこう自分に言いきかせます――「私はこの人生の中を生きていく。生まれたときから魂の不完全さから離れられないのを知っている。私がこの魂を進化させようとするのなら、覚悟をきめて、辛い運命を引き受けなければならない」。

　これは魂の力の大切な在りようです。この在りように較べれば、反感と共感より成る通常意識の織りものは、単なる夢のように見えます。そこを超えて、人は魂の感情体験の中へ入っていきます。その感情は日常意識にとっては、魂の地下深くでまどろんでいますが、その感情は私たちのことをよく知っており、魂の内部で通常の意識よりももっと強力な働きをしているのです。

　そして今、私たちはさらにもうひとつ別のことにも気づかされます。もし人が本当に今述べたことを自分の魂の体験として持つなら、それを理論として知るだけでなく、それを感情として体験したなら、人はこの感情と共に、もう一つ別の体験も持たざるをえなくなります。

　その別の体験とはこうです――「そうだ、お前はこのような諸領域に入っていくことができる。そこではすべてのものが通常の意識の中とは別の在り方をしているのだ」。

しかしそれと同時に、人は深いところで、「私はそれを欲しない」と感じています。概して大抵の人の場合、好奇心がそこに入り込んできますが、それほど大きなものではありません。ですから大抵の人は、このおそるべき「私はそれを欲しない」を克服できずにいるのです。

この「欲しない」は、今問題にしているこの領域に巨大な力をもって立ち現れます。そして、この上なく多様な誤解を生じさせます。

例えば、誰かがまったく個人的に、霊的な指導を受けたとします。その人はその指導を与えてくれた人のところへ来て、そしてこう言います――「これでは私はまったく進歩できません。あなたの指導はまったく役に立ちません」。

これは正直な、まったく正直な告白かもしれません。しかし与えるべき正当な答えは、この正直な信仰をもった人には、まったく理解できないかもしれません。答えは、こうでなければならないからです――「あなたは参入することが確かにできるのです。でもあなたは、そうしたいと望んでいないのです」。

これが正しい答えです。しかし、その人にはこのことが分からないのです。その人は、自分はそうなりたかった、と正直に信じています。なぜならこの「欲しない」は、潜在意識の中に留まっているからです。ですからその人は、自分が欲していないことが理解できないのです。実際、その人が知りたいと意志した瞬間に、その「意志」を曖昧にしてしまうのです。

参入したくない、という意志は、その人をあまりにぞっとさせるので、その意志が現れると、ただちにそれを曖昧にしてしまうのです。なぜなら、この意志はまったく不吉な、非常に厄介なものだからです。だからその存在を認めるや否や、それを消し去ろうとします。つまり、あなたは、あなたにとって身近な自我、自己と一緒では、参入することができないのです。

より高次のところへ参入しようとする人は、非常に強く「お前はこの自己をあとに残しておかなければならない」、と感じます。しかし、それは非常に難しいことなのです。なぜなら、人が日常意識を保っていなかったら、この自己を育成できないでしょうから。自己は、私たちの通常の自我、低次の自分を発達させるために、この世にあるのです。

人間は、真実の世界に入っていこうとするとき、外で発達させることができたものをあとに残しておかなければならない、と感じています。そのとき頼りになるのはただ一つだけです。日常意識にとって必要な度合いを超えて、もっと強力に進化した自己だけなのです。

これまで人は、必要に応じて、自己を発達させてきました。皆さんが『いかにして超感覚的世界の認識を獲得するか』の第二の点に眼を向けるなら、この第二の点は、日常生活に必要な程度を超えて、より強力な自己を育てることにある、と知らされます。それは夜毎に自分の身体から脱け出ることができる自己であり、人が通常必要としている以上の自己のことです。

自己感情を育てて、通常の自己をそこまで強化させるのです。そのときにのみ、意志はこの高次の世界の前で尻込みせずにいられるのです。

しかしそのとき、新しい危険が、とても注目すべき危険が生じます。今は多分、日常生活を想起させるものが夢の中に立ち現れることはないでしょうが、力に充ちた、拡大された自己意識が現れます。いわば魂が強化された意識に、力強く形成された自己に充たされるのです。

『いかにして超感覚的世界の認識を獲得するか』に述べられているような修行を通

して、先回の講義でアルジュナの内的な魂の経験として述べたような経験をもった人の場合——修行を通して自分の自己を強化し、拡大したときも、運命に導かれて自分の自己を特定の時に拡大したときも、その成果は同じです——、そのような経験をもった人の場合、拡大され、強化された自己を通して夢の領域に達することがあるのです。

アルジュナの場合、いわば日常世界と夢の世界の境域に立っています。運命を通してこの高次の境域に立った彼は、運命を通して——この点はあとで述べるつもりですが——、日常必要とする以上に力強い自己を持っています。

なぜ、アルジュナはより力強い意識をもつ必要があったのでしょうか。見て下さい。彼がその意識をもつことで、本来のクリシュナと出会えたのです。クリシュナがアルジュナの生来の自己を引き上げたのです。そしてアルジュナは、その拡大された自己でクリシュナに出会うことがなかったなら、そうなるべきである人間にはなれなかったでしょう。もしもアルジュナがクリシュナに出会わなかったら、何が生じたでしょうか。そのときにはアルジュナは自分にこう言いきかせたでしょう——「今、血縁の者たちが互いに戦い合う。今、古来の有益なカースト制がばらばらに崩れ落ちる。そして婦人は落ちぶれ、死者の供養は荒廃する。われわれの死者の霊のためのいけにえの火は焚かれずに終わる」。

有益なカースト制を大切にし、祖先のためにいけにえの火を捧げ、祖先の忠実な子孫であること、それは日常のアルジュナにとって非常に大切なことでした。

アルジュナは運命的に、その日常から引き離されました。そして祖先にいけにえの火を捧げようという聖なる感情を、カースト制を大切にして、血の関係をうやまうという聖なる感情を否定する立場に立たされるのです。

だから今、みずからにこう言いきかせなければならなくなります――「日常の中での私にとっての聖なるすべて、私に伝えられてきたすべてを捨てて、私は戦場に向かわなければならない」。

その思いは実現しないで済みます。その代わり、クリシュナがアルジュナの前に立ち、そしてアルジュナに、極端な利己主義としか思えないようなことを容赦なく語るのです。クリシュナはアルジュナの思いをたち切り、その思いを実現できなくさせます。そしてその代わりに、自分の本性を顕わして見せます。クリシュナは、そうでなければアルジュナが体験したであろうこと、そうでなければアルジュナが自分らしく生きるために必要としたであろうことを否定し、その代わりにその思いの力を、アルジュナに自分の本性を見せるのに必要な力として利用するのです。

このことをもっとはっきりと示すために、次のような言い方をすることもできます――「アルジュナがただクリシュナに向き合い、そしてクリシュナもそのようにアルジュナと向き合うだけなら、アルジュナはクリシュナのことを何も知らずにいたであろう。ちょうどわれわれが感覚世界そのものから、その世界を知覚する感覚器官を作り出すのに必要な素材を取り出すのでなかったら、感覚世界について何も知らずにいるであろうように」。

そのようにクリシュナもアルジュナの魂から、拡大され、強化された自己意識の働きを取り出さなければなりません。クリシュナが、アルジュナから取り出したものの助けを借りて、クリシュナはアルジュナから、強化された自己意識を抜き取らなければなりません。そのようにしてクリシュナは彼が抜き取ったものから、いわば、鏡を作るのです。アルジュナのために自分を映し出すことのできる鏡を。

私たちはアルジュナの意識の中に、クリシュナと出会うのに必要な力を見つけようとしました。以上の記述の中では、まだアルジュナがそもそもどうやってそこまで達することができたのか、まだはっきりさせていません。アルジュナがオカルト的修行をしたという記述はどこにもありません。アルジュナは実際にそのような修行をしなかったのです。アルジュナがクリシュナと出会うことができたのはどうしてなのでしょうか。一体何がアルジュナに高次の、強化された自己意識を与えたのでしょうか。

次回はこの問いから始めようと思います。

第四講

一九一三年五月三一日

これまで見てきたように、夢が織りなされるあの領域へ入っていこうとする人は、通常の世界からこの領域の中へ強化された自己意識をもって入っていかなければなりません。つまり、日常の自我が必要としている以上の自己意識で、です。

この自己意識の余剰の部分は、現代においては著書『いかにして超感覚的世界の認識を獲得するか』が述べているような修行によって生み出されます。つまり、そのような修行は、自己の強化を前提にしているのです。自己を強化する必要を感じる人が、まだ内的に自己強化を生じさせないでいると、霊界参入への一種の恐怖と不安に襲われてしまうからです。

これまでもしばしば強調してきたように、人間の魂は、進化の過程で、ありとあらゆる段階を辿ってきましたが、今述べた修行を通して獲得できる自己意識の高まり、強化は、バガヴァッド・ギーターの時代の人間の魂の場合、現代人と同じ仕方では獲得できませんでした。古代人の自己意識には、その代わり特別の古代の見霊力がまだ残っていたからです。見霊力は、物質界における通常の自己にとっては、本来必要のないものです。物質界に含まれているものだけで、満足することができるのですから。

　しかしバガヴァッド・ギーターの時代の人間は、太古の見霊力をまだ維持していたので、こう語ることができました——「私が物質界に眼を向けると、感覚による諸印象を受けとる。そしてこの感覚による諸印象は、脳と結びついた悟性（知性）の働きを受ける。しかしその一方で、私は別の働きも持っている。その働きを受けるときには、見霊的に他の諸世界についての知識を獲得することができる。そしてそのような働きは、人間が別の世界にも属しており、通常の物質界を超えた別の世界の中でも自己を現わしていることを教えている」。

　しかしその働きは、まさに強化された自己意識の現れです。この意識は、人間の魂が物質界に属しているだけではないことをはっきり示しています。この意識は、いわば自己の中でのいわば過剰部分（Überdruck）であって、あの見霊力（それが最後の名残りであっても）の働きのひとつなのです。そして、人間はこんにちふさわしいオカルト的修行を真剣に行うことで、その力を再び発達させることができます。

しかし、修行する人は、批判を受けるかもしれません。ご承知の通り、人智学講義の中で、これまでも真の神秘学徒ならよく心得ておくべき他からの批判について述べてきました。その批判、非難とは次のようなものです。――われわれの時代を生きる人なら、そもそもそのようなオカルト的な修行をしようとするだろうか。その人はなぜ脳の働きと結びついた知性の働きで満足しようとしないのか。なぜ人はそういう神秘修行を求めるのか。

このような問題は、現代という人類進化期を生きるどんなまともな魂にとっても、問いであるだけでなく、事実なのです。もしも人間の魂が感覚が提示するものだけを、外的な肉体の器官である脳と結びついた知性の提示するものだけを取り上げようとするのでしたら、その人の生き方は、高次の超感覚的世界への欲求なしでも、十分満足していられるでしょう。そういう人なら、自分の周囲の事物や出来事が生じ、そして消えていくのを見ても、その生成と消滅そのものを問題にしようとはしないで、動物たちが自分の生きざまに満足しているように、何の疑いもなく、自分の生活に満足していられるでしょう。唯物論的に存在を考える人は、そのような状態に満足していられます。動物は、感覚の前で生起し、消滅するものだけに従って生き、感覚の前で展開する事柄で満足しています。しかし人間の場合、それでは済みません。けれども、なぜ人間の場合はそれでは済まないのでしょうか。

私はこの問題に関しては、いつでも現代を生きる人間のことを述べています。古代ギリシアの人間の魂は、こんにちの人間の魂とは違います。こんにちの私たちが魂のすべてで自然科学を研究し、歴史の経過の中にも物質法則に従う科学を、歴史科学を研究するとき、学ぶすべてと共に、同時に何かがその私たちの魂の中に入ってきます。まったくこっそりと、目的も意味も欠けている何かが、私たちの魂の中に忍び込むのです。

そのとき忍び込んでくるものについては、いろいろな比較をする必要があります。そのような比較のひとつを例にあげようと思います。なぜなら、しばしばそのような比較の深い意味を考慮することなく、比較することがよくあるからです。

一九世紀最後の三分の一の時代に、ある非常に有名な医学界の権威者が科学アカデミーで、独立した科学の尊厳をもっと強調するために、あるギリシアの哲学者のことを例にとりあげたことがありました。この哲学者はあるとき、こういう質問を受けたのだそうです――「人生の意味と目的は、哲学の立場からはどのように考えたらいいのでしょうか。哲学的な思索は、日々の生活のための仕事、有用な仕事に従事している人びとの労働とどういう関わりがあるのでしょうか」。

　そうしたら、くだんの哲学者は、次のように答えました――「縁日のことを考えてみましょう。人びとが売り買いするために、そこに集まってきます。その人たちはみんな忙しいのです。しかし別の何人かもそこにやってきます。その人たちは売るのでも買うのでもなく、ただぶらぶらと見て廻って、ただ何がどこにあるか知りたいだけなのです」。

　この哲学者が言いたかったのは、次のことです。――縁日こそが人生だ。人びとはいろんな仕方でそこに関わっている。しかし哲学者といわれる人びとは、他の人たちのように仕事に従事しているのではなく、ただぶらぶら見て廻るために、何がどこにあるか知るために、あちこちぶらぶら歩き廻って観察している。

　生活上有益な仕事に関わろうとしないで、独自の、自律した科学研究のほうを好む哲学者を特別に評価しようとする考え方は、いわゆるインテリゲンチアの血肉の中に浸み込んでいます。しかしこういう比較をしていると、どうしても再考をうながされます。おそらくこんな言い方は、俗物的に思えるかもしれませんけれども、よく考えてみると、俗物的で済ますわけにはいかなくなります。つまりこういう比較は、あらためて考えを深めるよい機会になります。

哲学者を、人生の縁日をあちこち歩き廻る人と比較するのは、たしかにいかがわしいと言えます。そういう人は本来無目的ですし、目的をもって集まってくる人たちの間をぶらぶら歩き廻っているだけです。でも、これもまた思索のひとつだと言えます。

出発点においてまったく正しい判断が、数百年、時には数千年にわたってまかり通っていたときにも、間違っていた、ということがありえます。ですから、次のように問うことが許されるのです。――人生を無目的に生きている人たちはみんな、本当に人生の浮浪者なのだろうか？

今問題になるのは、人生を評価する際の基準です。哲学者を無益な浮浪者と見做し、人の役に立つ手仕事をやるほうがよっぽど賢明だ、と思っている人たちがいます。こういう人たちは、その人たちの基準に従えば、まったく正しいと言えるでしょう。しかし人生を脳に依存している感覚と知性で考察していると、感覚的に取り巻く外界と何の関わりも持たないような事柄が、こっそりとその人の魂の中に忍び込んでくるのです。問題はまさにここにあるのです。純粋に唯物主義的な基礎の上に立って納得できる世界観を組み立てて、世界の謎を解読しようとする書物をあれこれ読んでみると、そのことがよく分かります。

　そういう本を最後まで読むと、そのとき初めて、いろいろな問題が浮上してきます。こういう書物は、一般に、終わりになって初めて、世界の謎が提示されます。こういう書物が扱う事柄を知ったあとで、まさにひとつの思いが忍び寄ってくるのです。物質界が私たちには答えられない謎を提示することで、人間は物質界だけでなく、別の世界のためにも存在しているのか、それともこの物質界は、人をだましているのか、という問いが忍び寄ってくるのです。

　もしも人生が死と共に終わるのなら、もしも人間が高次の世界と何の関連も持っていないのなら、私たちの魂のいとなみは、すべて意味がなくなります。そして、人間の営為がすべて無意味であり、人間の持っていないものへの憧れなど意味がないということになると、私たちの感覚世界の市民ではないようなものを探し求めざるをえなくなります。明らかに外界とは何の関わりもないもの、オカルト的な修行によって可能となるようなものを求めざるをえなくなります。

人間は内部に不死への憧れを持っているから、自分の内部に不死の概念を作り出して、不死をでっち上げている、などと言うつもりはありません。そうではなく、人間がこの世の人生の中で外界から何かを魂の中に取り込んでも、その何かが、生まれてから死ぬまでの間、閉じ込められていたとしたら、意味も目的もまったく見出せない、非本質的なものになってしまう、と言いたいのです。

人間は、自分の持っていない何かではなく、自分の持っている何かについての意味と目的、そもそもその本質そのものについて問わなければなりません。

ですから現代を生きる人間は、単なる浮浪者、単なる放浪者ではいられないのです。古代ギリシアの哲学者をよりどころにするわけにはいきません。現代を生きる人間は、まったく別の状態にあります。すなわち、すべてのものの中に生きている生命《いのち》のために言葉を用意する、という課題を背負っているのです。

事実、古代ギリシアにおいては、哲学者を引き合いに出すのはあたりまえのことでした。こんにちでは、もはやあたりまえではありません。こんにちでは事情が違っているのです。

人生をまた縁日と比較しますと、こんにちではこう言うことができます。――人生にも売り手と買い手がいる。人生の縁日を閉めて、お金の計算をしてみると――利害には十分に満足できるものであったとしても――、しっくりこないところが残ります。その場合の比較はしっくりこないほうがいいのです。その場合、売ったのでも買ったのでもない、売買を超えたものが残るのですから。それが何に由来するものか、究明できないとしても。

普通の縁日ではそんなことはありませんが、人生の縁日ではそうなのです。私たちは人生を生き抜くときに、人生を超えているような事柄に絶えず出会います。地上の感覚界では説明のしようのないような事柄に、です。それはこんにち、人生に絶望する人や、はっきりしない憧れを持つ人がいることとの深い理由です。

現代を生きる人びとの場合、物質界には生きがいを見出せなくても、別の世界に関心を向けようとする何かが魂の中に生きているのです。いつもは気にかけずにいる人生に絶望を生じさせないために、こんにちの私たちの魂が身に付けなければならない事柄、それをアルジュナは、すでに身に付けていました。アルジュナの魂は、太古の人間の原始的な見霊力がまだ残っていた時代からの過渡期を生きているのですが――

そしてこのことはバガヴァッド・ギーターを理解するために必要な、大切なことなのですが――、アルジュナの時代は、太古の見霊能力の最後の余韻がまだ生きていたのです。

　バガヴァッド・ギーターが成立した時代の中で、この古い見霊能力は、次第に失われていきました。このことは、バガヴァッド・ギーターのまったく深い本質であり、バガヴァッド・ギーターを包んでいる空気なのです。ギーターからは、古い人類の見霊能力が死滅しつつあるあの転換期からの響きが聞こえてきます。そこでは古い見霊能力の夕映えの中で、すでに夜が始まっています。その夜の中で、古い人間の魂がまだ持っていない、私たちの時代の普通の人の持っている人間の力が、初めて生まれたのです。

　ですからアルジュナの魂については、こう言えます。――彼の魂の中には、古い見霊能力の最後の名残りがまだ残っている。しかし、その名残りは次第に消えていく。もはやはっきり存在しようとはしていない。だから、すでに述べたような心を震撼させる出来事が生じたとき、もはや十分に役立つ力にはなってくれない。アルジュナが一時的に見霊力をもってクリシュナに向き合うとき、一体何がアルジュナの魂から見霊力を喚び起こしたのでしょうか。

それを喚び起こしたのは、すでに述べたあの心を震撼させられる出来事です。その出来事が、古代の人びとにとっては身近かな、あの見霊力を取り戻させたのです。

アルジュナの中に古い見霊力が喚び起こされたことによって、アルジュナは何を見たのでしょうか。歴史的な観点に立って言えば、アルジュナは、バガヴァッド・ギーターの意味でのクリシュナという霊的本性と出会ったのですが、そこで今、アルジュナの魂に生じた事柄を理解するために、私たちの魂をあの夢の領域へ引き上げなければなりません。きょうは、クリシュナもしくはクリシュナの本性を十分に理解するところにまでは、話を進めません。昨日の講義で述べた夢意識の領域へ意識的に立ち入るのに必要な力をすべて形成できたとしても、それだけでは、クリシュナの本質を完全に見てとるところにまでは到れません。

昨日述べたことをもう一度思い出してみて下さい。私たちは通常の日常意識を下位の領域と呼びました。その領域の上に、日常は無意識に留まっている夢意識の領域があります。これはいわば仮象として、マーヤーとしてしか意識されない領域です。

しかし私たちが昨日の講義で述べたような仕方で、いわば夢を遠ざけて、マーヤーを消し去ろうと試みるなら、別の世界からの印象が人間意識の領域の中に入ってきます。

人間が持っている体験の中に、魂の余剰部分であるかのように、別の、内なる超感覚的世界に属する何かが紛れ込んできます。その何かは、それに応じた意識を発達させたときにのみ、認識できるようになります。

それができるようになったとき、唯物主義者にとっては日常生活の残滓にすぎないと思われている或る経験が可能になるのです。そうなると、世界は、物質界だけを周囲に持っているときとは違った姿を現わします。そして、次のような発見をします。――通常の世界の中には決して見ることのないものが見える、という発見です。

私たちはしばしば何かを見ている、と考えています。例えば光を見ている、と思っています。しかし私たちは、物質界の中では、光を見ているのではなく、色を、色のニュアンスを、明るい色と暗い色を見ているのです。光の作用だけを見ているのです。光そのものは、眼には見えずに、空気を流れています。

光の通る空間の中を見ている人は、光を見ていません。窓を通って光が入ってくるとき、部屋の中に光の束を見ている、と安易に思い込んでいますが、空気の中にある埃《ほこり》を見ているだけなのです。光の反射を見ているのであって、光そのものを見ているのではないのです。光そのものは眼に見えません。

しかし今、こういう経験をしたあとで、私たちは実際に光が見えるようになります。光を本当に知覚するのです。高次の世界に近づくと、そうなるのです。そのとき私たちは、実際に流れる光に取り巻かれます。物質界で流れる空気の中にいるときのように。

でも、肉体でそこまで行くことはありません。高次の世界では呼吸する必要はありませんが、しかし私たちの肉体が物質界で空気を必要としているように、光を必要としているところにまで行くのです。

高次の世界では、光が生命の要素です。物質界の人間にとって、生きるために空気が必要であるように、そこでは、いわば「光の空気」が生きるために必要なのです。

この光は、実際に何かに浸透され、貫通されています。ちょうど空気が私たちの環境の中で、雲の群れに浸透されているように。その場合、浸透しているのは水です。

物質界での水は、上方にいる何かとも比較できます。この世で雲が流れる空気によって浮かび漂っているように、流れる光の中で泳ぎ漂うようなもの、それは生きた音の織りものです。織る音のカタチ、それが宇宙音楽なのです。そして、そこでさらに知覚されるのは、流れ、織りなすイノチそのものなのです。

魂でしか沈潜していくことのできないこの世界のことを記述するのは不可能ではないけれども、その際の記述対象は、物質界にとっては、無意味な事柄でしかありません。高次の現実世界を記述するには、物質界にとってはまったく無意味な言葉を使わざるをえないからです。

ですからそういう表現は、物質しか信じられない魂の持ち主の反発を買うことになります。神秘主義者が取り上げる高次の世界に対する唯物主義者の反発、反論には、納得せざるをえないところがあるので、神秘主義者自身も、そういう反論を受け容れざるをえないと思っていますが、高次の世界を論じるときには、物質界を論じるときの表現で済ますわけにはいかないのです。

例えば、「光の空気」とか「空気の光」というような言葉は、物質界には適用できない言葉です。しかし、高次の世界には空気の光、光の空気も存在しています。さらにまた、高次の世界での生命要素ともいえるこの光の空気、空気の光の必要量が失われ、物質界で胸をしめつけられ、呼吸できなくなるのに似たような状態を経験させられることもあります。

けれどもまた、その反対の状態も経験します。真実の、言い換えれば神聖な光の空気の中で、純粋なもの、聖なるものの中を生きているような状態です。さらにはこの光の空気の内部には、霊的本性たちを見てとることもできますが、そういう本性たちは、実はルツィフェルに導かれているのです。

私たちが必要な準備なしにこの領域の中に入っていきますと、ルツィフェルが私たちから光の空気を奪い取ってしまいます。ルツィフェルは、いわば魂の分野で、私たちを酸欠状態にします。物質界での私たちを酸欠状態にするのではないので、別の結果を生じさせます。すなわち、南へ連れていかれた北極熊のように、物質界で霊的な光に由来するものを渇望させられるのです。

これこそがルツィフェルの望むところです。すなわち、高次のヒエラルキアに由来するものにではなく、十分に準備のための修行をしないままに物質界へ持ち込んだ霊的なものに私たちを渇望させ、依存させるのです。このようにしてルツィフェルは、私たちから空気の光を奪い取り、私たちを呼吸困難の状態にし、そして物質界で霊界に由来するものを渇望させるのです。

しかしこのことは、具体的には、どんな結果を生じさせるのでしょうか。誰かが高次の世界へ実際に導かれたとします。高次の領域にまで高められました。けれどもその人は、必要な準備を行わずにいました。例えばその人は、自分の道徳感情を高貴化しなければならないことを忘れていました。地上での野心的な権力感情を魂から取り除かなければならないことを忘れていたのです。この世的、野心的、権力的な人間であっても、高次の世界へ上っていくことができますが、しかしそういう人は、地上的な虚栄心、地上的な権力欲を高次の世界に持ち込んでしまいます。

　ですから、ある人が自分の道徳感情を浄化しないでいたら、霊界でルツィフェルがその人から光の空気、空気の光を取り除いてしまうのです。そうなったら真に高次の現実については、何も経験できなくなり、物質界にあるものを求め続け、物質界で知覚できたものを、いわば味わい尽くそうとしたくなるのです。

　その人は例えば、霊的な仕方でしか、つまり光の空気の中でしか見通せないものを見通している、と信じています。だから、いろいろな人の、いろいろな地上生活を見通している、と信じています。しかしそれは間違いなのです。空気の光が欠けているのですから、見通しているはずはないのです。

その人は、物質界で生起する事柄を上なる領域へ持ち込んで、高次の世界の出来事であるかのように記述します。地上的、虚栄的な権力欲で、自分の魂を高次の世界へ引き上げること以上に楽なやり方というか、ひどいやり方は考えられません。そういう人は、決して高次の世界から真の成果を受けとることはできないでしょう。そうやって持ち込むものは、物質界で考案された事柄を映し出すだけの虚像でしかないでしょうから。

以上、私は一般的な状況を記述しましたが、そのとき「元素霊」と呼ばれる霊的存在たちにも出会います。物質界で「自然力」と呼ばれるものが、ここでは何か本質的な実体を持っているのです。この世には善と悪が存在していますが、上の世界では、善き力と悪しき力が本性となって存在しているのです。

この物質界では、善も悪も人間の魂の中に融け込んでいます。ある人の場合は善なる側面がより多く、別の人の場合はより少なく混ざっています。しかし上の世界では、悪しき本性たちが善なる本性たちと戦っているので、「高められた自我意識」がなければなりません。つまり、鋭利な判断力がなければなりません。上なる世界では、善の使命をもつ本性たちだけでなく、悪の使命をもつ本性たちもいなければならないのですから。

物質界ではこういう問いが繰り返されています――「全知全能なる神はどうして善だけを与えなかったのか。なぜ善だけが存在していないのか」。

もしも善だけが存在していたなら、世界は単一的な方向を取らざるをえなくなり、充実した世界を生じさせられなかったでしょう。善は、その反対の状態がなければならないのです。このことは、物質界でも見てとることができます。空想の世界、センチメンタルな世界から離れたがらない限り、善なる存在だけで世界の課題を達成できる、と信じていられます。たぶん日常の世界でしたら、まだセンチメンタルな態度でやっていけるかもしれません。しかし超感覚世界の深刻な現実に直面するときには、それではやっていけません。そのときには、善なる本性たちだけでは世界を作っていけないこと、それには弱すぎること、進化全体のためには、悪の本性に由来する影響力も関与しなければならないことが分かるはずです。

悪が宇宙の進化に関与している、というのは叡智の賜物《たまもの》なのです。ですから、私たちが心得ておかなければならない事柄の中には、センチメンタルな考え方、感じ方をやめることも含まれているのです。

このことの必要が分かっていなければなりません。戦いを知ることによってしか見えてこない、あの危険な真実に恐れずに向き合うことが大切です。この戦いは善の側と悪の側によって戦われます。私たちは、自分の魂を意識的にこの分野に介入させることによって初めて、この真実を体験します。そしてそうなったとき初めて、私たちは夢の領域へ入るのです。

しかし、私たちはまだそれとはまったく違う領域で生きています。つまり通常の眠りの領域で、です。そこではそもそも何も知覚できません。夢のない、深い眠りの領域です。この領域にはどんな夢も決して入って来ません。この通常の睡眠意識の領域で、すでに絶対矛盾の状態が始まります。睡眠は本来、意識が完全に失われる、という特徴を持っています。睡眠意識という完全な背理は、眠ってから目覚めるまでの間の状態のことです。この状態が私たちのいう睡眠意識です。この状態での私たちは、そこに入ると意識がなくなり、目覚めによって再び意識をとり戻します。

しかし太古の見霊状態においては、この領域でも人間の魂は何かを体験していました。後アトランティス期においても、まだ続いていたこの状態は、通常の生活にとっての眠りと同じでしたが、夢の領域で知覚できる世界よりも、もっと高次の、もっと霊的な世界が知覚できました。

私たちもそのような状態に達することができるのです。つまり通常の生活の場合には、睡眠状態とまったく同じなのですが、眠りではないのです。なぜなら、意識した状態なのですから。そのときの私たちは物質界ではなく、高次の世界を見ています。つまり、光の空気の世界、音の世界、宇宙ハーモニーの世界、さらには善なる存在と悪なる存在とが戦う世界を経験しているのです。

しかし、私たちがそのとき見る世界は、物質界のすべてとは根本的に異なっています。ですから、その世界を記述するのは、夢意識の領域を記述するよりもずっと難しいのです。

この領域での意識がどう働くのか、皆さんにぜひお話ししたいのですが、一種のイメージをお話ししようと思います。

高次の世界について何かを示唆しようとしますと、通常は空想家だと思われてしまいます。しかし、いつもは夢も見ずに眠っているときの領域の経験を語り始めますと、そのことを空想だと嫌うだけでは済まなくなります。それでは済まなくなります。悪意はなくても、まったく怒り狂うのです。

ひとつの小さい、というか、むしろ大きい例を体験したことがありました。ドイツにおいて私の著作が出版されたとき、学問的な立場とされているところからの批評が、当然のように憎しみとさまざまな憶測をふまえて公表されるのが常でしたが、その批評が或る一点において、実際にまったく怒り狂ったのです。そして馬鹿げている、としか言いようのないような批評まで現れました。それは、今申し上げた霊の領域からでしか生じえない事柄に言及したときのことです。私の『人間と人類の霊的指導』の中で、二人の少年イエスのことが語られたときのことです。

皆さんの中にご存知でない方もいらっしゃると思うので、ここでもう一度繰り返させていただきますと、神秘学研究の成果として私たちの紀元の始め頃、少年イエスはひとりではなく、二人生まれたのです。一人はダビデ家のいわゆるナタン（ダビデ時代の預言者）系の出です。もう一人はいわゆるソロモン王（ダビデ王の子）系の出です。この二人の少年イエスは近所で同じ頃に生まれました。ソロモン系の少年の肉体には、十二歳までツァラトゥストラの魂が生きていました。そして深い意味のあることなのですが、この魂は十二歳のときにもうひとりの少年イエスの中に乗り移り、そして三〇歳になるまで、このからだに留まり続けました。そして三〇歳になってから、そのからだにキリストの本性が三年間宿ったのです。

この二人の少年イエスの物語に、そもそも外の世界から関与してきた人たちは、先程言いましたように激怒しました。私たちはこのことを悪くとることはできません。この人たちはもちろん自分たちの学問で判断しようとしているだけなのですから。しかし、その人たちが批判しようとしている事柄は、その人たちが深く眠り込んでいる領域から得ているのです。ですから、その人たちがそのことを知らなかったからといって、悪くとることはできません。

もちろん本来、健全な理性であれば、このことを理解することは十分可能です。しかしその人たちはそういう理解を許容しません。その人たちはそのような理解力を怒りと憎しみにすり変えるのです。

まさにこのような高次の領域に見出せる二人の少年イエスについての真実は、共感、反感の対象にはなりません。こういう真実を見出す場合、物質界に関わる意味での「経験」には決してなりえないからです。ですから、夢の世界を経験するのともまったく違います。夢の場合は、物質界での意識と同じ仕方で経験できます。そのことは夢の領域を意識化しようとするオカルティストの場合にも言えます。夢の領域を認識するオカルティストも、物質界におけるのと同じように、直接対象に関わっているのですが、そういう関わり方では二人の少年イエスのような真実に到ることはないのです。

高次の領域で真理に出会ったとき、その出会いが意識され、認識されるのは、その出会いのずっとあとになってからなのです。出会いと意識して向き合うずっと前に、体験があったのです。出会いをすでに自分の中に持っていたのです。まさに私たちの時代には、そうであるべきなのです。極めて重要な、極めて本質的な真理に到るときには、はっきりした意識を伴っているべきなのです。真理を獲得したのは以前のことで、以前に獲得したものを、今はじめて魂の深層から取り出して、意識するのです。

真理に出会うというのは、外界で花に出会うときのようです。外界でそこに何気なく咲いていた花に出会って、今考えることができるように、真理について考えるときにも、人は自分の中にある真理に出会って、今考えるのです。

外界においては、ある対象を知覚したあとで、その対象について判断することができるように、何らかの真実を自分の中に客観的に見出したあとで、それを自分の中で考究するのです。外的な事実を研究するように、自分の中の真実を研究します。そして、野に咲いている花が本物か偽物かというのは意味がないように、自分の内部で出会ったことについて、本物か偽物かと問うことも意味がありません。真か偽かというのは、もっぱら自分が意識して向き合っているものを表現することができるかできないかに関わる問題です。表現であれば、それが正しいか間違っているかが問われます。正しいか間違っているかは、事実に関わることではなく、思考する存在が事実にどう向き合うかの問題です。事実に対しては、「真」もしくは「偽」という言葉は通用しません。

　この分野で研究成果に到るというのは、魂の領域に眼を向けるということです。人はそれまでも同じ魂の領域で生きていましたが、意識的に眼を向けていたわけではありません。神秘学上の修行を進める上でこの領域へもっともよく入っていけるのは、魂の奥深くで働いているものについて、意識ではその成立に関与していなかった、という事実が明らかになる瞬間に注目するときです。外界の客観的な対象のように、内部から現れてくるものに関心を持つことができ、そのことに驚くことができればできるほど、この領域へ入る用意ができています。ですから一般的な言い方をすれば、まとめ上げた事柄、推測の域を出ない事柄でこの領域へ入っていくのはよくありません。

皆さんは例えば、あれこれの人物の以前の人生を考えるのであれば、その人物が以前の人生においてどのようなものでありえたか、あれこれ考えをめぐらせること以上の手だては何も見出すべきではありません。例えば、ロベスピエールの以前の人生を調べたいと思ったのなら、最上の手段は何も経験しようとはしないことです。皆さんがロベスピエールの前生でありうると推測できそうな歴史上の人物を捜そうとなさるとしたら、一番いいのは、誰も見当たらなかった、ということです。最上の手段は、正しいものがどこにも見出せないような手段です。私たちは見解、推測、仮説をつくるのをやめようと努めなければなりません。

本当に神秘学徒になろうとする人は、可能な限り世界を判断しないように心掛けなければなりません。そうすれば、事実がその人に近づいてきます。どんどん近づいてくるのです。自分の推測、自分の意見は、沈黙を保っていればいるほど、その人の内面は霊界の諸事実で満たされます。

例えば、特定の宗教上の偏見の下に育てられた人、キリストについて特定の感情を持ったり期待したりしている人は、二人の少年イエスのような話をはじめから本当だとは思えないでしょう。キリストの出来事にとらわれぬ感情で臨むことは、良き前提になってくれます。とらわれぬ立場に立つときにのみ、違う前提にも立てるのです。偏見をもった仏教徒が仏陀について納得できる事柄を語るのが不得意のように、偏見をもったキリスト教徒もキリストについて納得できる語り方ができません。このことは、どんな場合についても言えます。

ですから誰でも、通常の生活にとってはハードだと思われる態度を、いわば二重の人間になって実践しなければなりません。そのときには、第三の領域として述べたこの領域に足を踏み入れることになります。

人は誰でも、自分の存在の半分を意識的に用いようとしない通常の生活において、二重の人間です。通常の生活においては覚醒時の人間であったり、睡眠時の人間であったりします。そのときさまざまな覚醒時と睡眠時があるように、高次の世界におけるこの第三の領域は、物質界とは異なる、それ自身特別な領域です。ひとつの環境世界でもありますが、まったく新しい世界です。この世界をもっともよく認識できるのは、感覚が提供する外なる物質界の印象をすべて消し去ることができるだけでなく、私たちの感覚と感情を働かせることのできる感覚界のすべてをも消し去るときなのです。

通常の生活の中での人間は、夜毎に自分の意識を消し去る睡眠時の世界を体験するのには、ふさわしくありません。この世界を体験するのには、自分の中から二重の人間を作り出せなければなりません。この物質世界の中で自分の関心を呼び起こすすべてを、忘れたり、排除したりすることができるなら、この別の高次の世界に参入することができます。中間の世界、夢が織りなされる世界は、いわばこの二つの世界の混合体です。この中間の世界の中へは、人間がいつも眠り込んでいる高次の世界の諸要素も、日常意識の諸要素も、共に出現しています。

　ですから、この第三の領域にまで認識を深めていくことのできない人は、物質界の真の原因を知ることができません。しかし、こんにち自分自身の経験をふまえて、例えばクリシュナとは誰なのかを見つけ出すためには、この第三の領域の存在が不可欠です。

　アルジュナが受けた印象のかずかず、崇高な歌バガヴァッド・ギーターの中に述べられている印象のかずかず、それらもこの世界に由来するのです。ですから今日、私はまず準備として、この第三の領域へ人間が昇っていくところを問題にしなければなりませんでした。それはクリシュナがアルジュナに語るすばらしい、けれどもグロテスクな響きをもつ真実が何に由来するのかを理解できるようにするためです。この真実は、いつも耳にする事柄とはまったく似ていないのです。

クリシュナというバガヴァッド・ギーターの核心を知ること、そのことがこの連続講義の課題のひとつです。しかし皆さんは、それだけでなく、このすばらしい歌の眼に見えぬ（オカルト的）基盤の中で、皆さんが、もしそれが本当に皆さんの役に立ってくれるのなら、実際に高次の世界への道を見出すことのできる何かを持っていただきたいのです。

本当に、高次の世界への道は、どんな人にも開かれているのです。ただその人に分かっていていただきたいのは、ひと粒の黄金がその人の意識の中に存在していること、そのひと粒の黄金をまず持たなければならないことです。至高の霊的本性たちが生きて働いているひと粒の何か（真珠）が日常生活の中に働きかけている、という意識を持っていただくことです。

第五講

一九一三年六月一日

人生の謎を知りたければ、何をおいても大きな生命法則のひとつに眼を向ける必要があります。いわゆる循環する生命法則にです。定義づけよりも性格づけのほうを大切にしたいので、私はこの場合も、生命の循環する（周期的な）経過について、定義づけるよりも性格づけようと思います。

これまで別の機会にも何度か、いわゆる定義は大切ではない、と申し上げてきました。定義づけても、現実にとって、いつも不十分なところが残ります。

ある古代ギリシアの哲学学会で、定義の本質を明確にするために、人間とは何かを定義することになりました。本来、定義とは、現象の提示するものを概念に還元することです。定義が論理的な立場に立つ人にとっても役に立たないことを極端に述べた一例なのですが、古代ギリシアの哲学学会で、みんなが次のような定義づけに合意しました――「人間とは二つの足をもち、羽根をもたぬ生きもののことである」。

この定義は何ら特別優れた定義だとは言えませんが、どんな定義にも付きものの欠点をはっきり示しています。これだけですと、たわいのない説明でしかないようですが、この定義づけが人間の外見を実際に示していることは否定できません。しかしその次の日、誰かが羽根をむしりとられたおんどりを持ってきて、こう言いました――

「あなた方の定義に従えば、これこそが人間ですよね！」

実際たわいのない話ですが、そこにはすべての定義づけの不十分さがよく現れています。ですから私たちは、現実に向き合うために、すべての定義づけをやめて、性格づけに努めようと思います。

そこで最初に、日常私たちの身の廻りに生じる周期的な経過を取り上げようと思います。つまり眠りと目覚めの繰り返しです。一体、通常の生活にとって、眠りと目覚めには、どんな意味があるのでしょうか。

眠りの本質を理解するには、現在の人生の中では、目覚めているときの魂の内的活動が、神経系の、繊細な構造を破壊している、という点をふまえなければなりません。

外からの刺戟によって生じるどんな思い、どんな意志衝動も、目覚めた生活を行う中で、繊細な脳の構造に破壊的な作用を及ぼします。

今の私たちの科学は、眠りがどのように覚醒時の生活を補充してくれているかを明らかにしています。この時代が過ぎたあとでは、やがて自然科学が霊学と結びつくことになるでしょう。今日の自然科学でも、覚醒時が神経系の、頭脳の繊細な構造の、一種の破壊過程であることを、仮説として提示しているのですから。

覚醒時の生活の破壊過程に対応するために、別の過程を眠ってから目覚めるまでの間に生じさせなければなりません。実際、睡眠中の私たちの内部には、意識されることなく、再生の力が働いています。覚醒時に破壊された繊細な脳の神経を再生する力が働いているのです。

繊細な神経系の破壊を通して、私たちの中で思考と認識過程が生じます。通常の認識行為は、目覚めてから眠りにつくまでの破壊過程を伴うことなしには、生じえません。睡眠のいとなみは、この破壊過程と真逆の働きです。ですから私たちの神経系には、一方で覚醒時に破壊過程が生じ、他方では睡眠時に再生過程が生じています。眠っているときの私たちの中には、破壊された脳の機能を再生させるための力が働いているのです。

破壊の過程が生じることによって、意識の働きが可能になるのです。ですから私たちの覚醒生活は、破壊の諸過程を必要としているのです。睡眠中は何も破壊過程が生じることはなく、再生過程だけですから、何も知覚が生じないのです。覚醒時に意識を生じさせる力は、形成過程のためだけに使われています。ですから睡眠中のその力は、無意識に留まっています。知覚は、破壊過程によってしか生じないのです。ですから私たちは、破壊と再生の循環過程にあるのです。

同じ力が睡眠時には構成力として使われており、覚醒時には、破壊力になっています。そしてわれわれが自由でいられるのは、破壊力が働くときだけです。無意識と眠り、意識と目覚め、構築と解体、これが人間生活における循環過程の基本です。

睡眠と覚醒、構築と解体は、一生繰り返されます。睡眠がなければ生命に危険が及びます。人間という存在形態は、限りない年月をかけて形成されてきたので、生命に危険が及ばないように、見事に調整されています。ですから人間の生命の経過は、基本的に、異常になると、人が思っているよりもずっとすみやかに、そうならずに済むように調整されます。

常識的に考えれば、睡眠が脳の異常によって妨げられたら、人体は比較的短時間のうちに衰弱してしまうはずですが、しかし、予想以上に健全な状態を保ち続けます。このことの理由は、例えば視覚と聴覚を失ったヘレン・ケラーのような人の場合にも、それでも知性が育成されうることと同じ理由によるのです。

　このことは、現在の常識では、理屈としてまったくありえないように思えるでしょう。なぜなら、私たちの脳内の知性の大部分の働きは、眼と耳を通して脳内に入ってくるものに左右されるのですから。しかしヘレン・ケラーのような人物も、内的な成長を遂げ続けます。その理由は、その人物が感覚の門を閉ざされていても、成長を可能にする力を脳内に保持しているからです。もしも誰かがそのような遺伝の力を受け継いでいなかったら、ヘレン・ケラーのような成長を遂げることはできなかったでしょう。そして、不眠状態は短期間の内に健康をまったく損ねてしまうでしょう。けれども一般に、遺伝の力は、不眠状態が続いても、健康を損なうことなく、長い間働き続けることを可能にしています。その可能性を保持するためにも、今述べた循環、繰り返しが存在していなければならないのです。睡眠中の無意識状態と、覚醒時の意識状態との循環、繰り返しが、です。

人間生活を全体として把握するためには、そのような生体上の循環だけではなく、より精神的な循環過程にも眼を向けなければなりません。西洋における歴史の経過を辿る人は、人間の精神生活のまったき特定の在りようが、一四、一五、一六世紀から一九世紀の最後の三分の一世紀まで存在していたことに気づかされます。

もちろん通常の生活循環だけに眼を向ける人は、ごく皮相な、その場その場の事柄しか見ていません。それでは人生を深く考察できません。しかし、人生の根本に眼を向けるなら、一九世紀最後の三分の一世紀以来、西洋の精神生活がまったく新しい在りようを始めているのが、いたるところで見えてきます。

私たちは、この新しく始まった精神生活の発端に立っています。ですから、誰もがこの精神生活の状況を認めているわけではありませんが、しかし考えてみると、一九世紀の四〇年代、五〇年代だったら、今取り上げている問題について、誰かがこういう会場で話すようなことは考えられません。そんな無意味なことを話したら、一笑に付されてしまうだけです。一四、一五、一六世紀から一九世紀最後の三分の一世紀まで、このような話をすることはまったくありえなかったでしょう。当時はまさに人びとの自然科学的思考が大きく育った時代でした。当時の思考は唯物論に大きな成果をもたらしました。唯物論から自由になれない自然研究者は、こんにちでもなお、この思考に依存しています。

しかし唯物論の時代はもう過ぎました。そしてその代わりに今、霊的（spiritualisch）な思考の時代が始まっています。私たちの時代には、思考と思考がはっきり対立し、ぶつかり合っています。新しい思考が現実のものになり始め、人間の思考がこれまでの四世紀間とはまったく別のものになりつつあります。これまでは、自然科学的な思考を学ばなければなりませんでした。これまでの四世紀間の人間の眼は、宇宙空間へ向けられていました。私は繰り返して、西洋精神の発展におけるあの重要な時点に注意を向けてきました。コペルニクス、ガリレオ、ケプラー、ジョルダーノ・ブルーノが協力して、いわば青天井を突き破ったときのことにです。

それまでの人は、地上の周囲を青い茶碗が蓋っていると信じていました。次にそのような茶碗はどこにもない、と説明する今述べた学者たちが現れ、人びとの眼を果てしなく広がる宇宙空間に向けさせました。例えばブルーノは、人びとが自分自身の視力の限界の代わりに、青い茶碗を持ち込んだことを明らかにしましたが、一体そのことの中に、どんな歴史的意味があったのでしょうか。その意味は、それが新しい始まりだったということの中にあります。そして一九世紀に人びとが限りなく遠い彼方の天体を構成する素材を分光器で探求することを学んだときがその終わりだったのです。

それはひとつのすばらしい時代、つまり唯物論の時代でした。今、私たちは別の時代の出発点に立っています。それは同じ諸法則に由来するのですが、霊性の時代です。ブルーノの業績によって自然科学の時代が用意され、天穹の青い茶腕が打ち破られたように、今始まった時代においては、時間の天空が打ち破られるでしょう。

人びとは人生が誕生と死、または受胎と死の間に閉じ込められていました。しかし今、人間の魂は自分で自分の時間の流れに限界を作りだしていたことに気がつくようになるでしょう。昔の人が感覚的知覚の限界を青い天の茶腕として自分で作り出していたように、そしてブルーノの時代になって視界が無限の宇宙空間にまで拡げられたように、今、誕生から死までという時間の限界が打ち破られ、限りない時の海の中で、人間の核心が輪廻転生を繰り返しつつ、変化、成長していくのです。霊的思考の時代という新時代が始まったのです。

前の時代から次の時代へのこの移行の眼に見えぬ基盤に眼を向ける人の場合、人間の思考のこの変化の根拠は、どこにあるのでしょうか。

この根拠は、どんな哲学でも、どんな生理学でも、解剖学でも、容易には説明できません。でも根拠はあるのです。人間の中の霊的認識のために役立つ諸力は、これまでの四世紀の間は、人体を育成する力として働いてきました。コペルニクスから一九世紀の最後の三分の一世紀に到るまで、睡眠中に形成力が神経系に働いていたように、霊学のための認識の力は、身体のために働いていたのです。その形成力は、脳の特定の部位にまったく特別の構造を生じさせました。こんにちの私たちの脳は、五百年前とは違ったものになりました。頭蓋骨の中は、五百年、六百年前とは違って見えるのです。その中に或る繊細な器官が形成されたのです。以前にはなかった器官を形成する力が働くようになったのです。

　このことは外からは証明できなくても、真実なのです。額《ひたい》の背後に或る微妙な器官が形成されたことは、真実なのです。四百年にわたる周期の期間中、霊的認識のために役立つ諸力は、形成力としての使命を果たしてきました。この器官はこんにちも存在しています。少くとも大抵の現代人の場合にはです。

　これから数世紀の間、今私たちが生きている周期の期間中、この器官はますます育っていくでしょう。この器官が出来上りますと、その形成力は自由になります。そしてその自由になった力で、人間は霊的な認識を獲得するようになるのです。そのとき私たちは今問題になっているオカルト的（眼に見えぬ）生理的な基盤を再び手に入れるのです。

こんにちの私たちは、これまでの四世紀間には使用できなかった力で働き始めています。この力は、霊的な認識が世界に広まるために必要なものなのです。

ですから例えば一七世紀、一八世紀の人のことを考えてみましょう。その人の額の背後では、脳を作り変える特定のオカルト的な諸力が働いていました。この諸力が、ヨーロッパの人間であれば、いつでもその脳の中で働いていました。

そこで考えてみて下さい。ある人が一七世紀か一八世紀に、この諸力を押しとどめて、働かなくさせるのに成功したとします——そういうことがありうるのです。そうすると、睡眠中に、いつもは脳の構造の育成のために働いていた諸力がその働きをやめるのと同じことが生じます。そうなったとき、その諸力は脳の育成のために働かないで、いわば自由な状態に置かれます。

そうなると、眠りから目覚めたけれども、手足を自由に動かすことができず、外の世界を知覚することもできなくなった代わりに、その諸力は見霊力を呼び覚まして、霊界を洞察できるようにしたのです。一七世紀、一八世紀の人がいわば形成力の生成活動をやめたときに、そういうことが起こりました。その人は、形成力が働かなくなった代わりに、見霊的になったのです。

その人は、そのとき、何を見たのでしょうか。その人は脳の中で霊界から働きかけてくる神々の働きを見ました。二〇世紀からの人びとのために、霊界参入を用意する神々の働きを見たのです。

こういう経験をした人たちは少なからずいましたが、その経験は途方もなく強烈な印象を与えました。超感覚的世界から感覚世界へ働きかけてくる神々の中に一瞬でも身を置くことのできた人たちは、いつもいました。その働きかけは感覚世界の中で、以前の人類の循環期には存在しなかったものを、つまり額《ひたい》の奥にあるこの精妙な器官を生じさせるための働きかけでした。今述べた人たちは、人体の形成のために働く霊的存在たちを霊視したのです。

以上で私たちは見霊の特別の側面を性格づけたことになります。私たちはまた、『いかにして超感覚的世界の認識を獲得するか』に述べられている練習を行うことによって、そのような機会を眠りの中で生じさせることができますが、私の書『人間の自己認識へのひとつの道』に述べているような仕方で、霊的生活に眼を向けることもできます。

そのような場合、未来のための準備を行う霊的存在、霊的体験を可能にする力を用意してくれる霊的存在は、別の名でも呼ばれます。名前はどうでもいいのですが――、私たちは四世紀の間、人間の脳組織の精妙な作り変えのために働いてくれた力を、ガブリエルの力とも呼んでいます。ガブリエルという名で今大切なのは、超感覚的世界への洞察を得るときの在りようです。ガブリエルとは、人体に対して超感覚的世界から働きかける霊的本性のことですが、大天使のヒエラルキアに属するこのガブリエルによる霊的な働きを今問題にしてきたのです。

ガブリエルの力は、一五世紀から一九世紀最後の三分の一世紀まで、人間の生体に働きかけていました。その霊的な力は、眠っているときに働きかけました。そして睡眠中のその働きかけが、自然科学の偉大な勝利をもたらしたのです。

けれども今、霊的な理解力が眠りから目覚めるのです。睡眠中にガブリエルの力が働いた時代のあとで、霊的な時代が始まります。それまでの時代の霊の力は、頭骨の内部で脳の形成のために働いていましたが、今私たちは、昼と夜、目覚めと眠りの繰り返しよりも、もっと霊的な過程を体験しています。人類進化の過程です。それは人間の自己意識という、私たちの後アトランティス期における人間の尊厳の根拠になるものの進化の過程です。この自己意識は、かつてはあまり問題にされませんでした。進化についてはいろいろ論じられてきましたが、その進化を自分の問題にしていることは稀だったのです。

人びとは自分を取り巻いているものについて、とても素朴というか、幼稚な態度をとっています。それについては、しばしば、とても思いがけない経験をさせられます。人びとはしばしば、まったく素朴な態度で、無意識な行動をとってしまいます。ですから、未知の世界から既知の世界へ働きかけてくるものをはっきりと超感覚的世界に帰することなど、とてもできずにいます。

ちょうど数日前にも、中途半端な論理に留まっている例に再び出会いました。人智学の世界に対していろいろ矛盾点を指摘する人がいますが、その矛盾点を解消して人智学を理解するには、なんらかの中途半端な立場から離れて、ひとつの特別な思考をふまえる必要があるのですが、そうするには困難が伴います。

ドイツの国内で、『自由思想家用カレンダー』というのが出版されたことがあります。去年、初めて出版されました。その中で、ある極めて誠実な思想家が子どもに宗教思想を教えることに異議をとなえていました。そのことが子どもの存在そのものに反する行為だ、というのです。子どもを自由に成長させても、自分から宗教思想を生み出すことはないというのが、子どもを観察した彼の結論でした。ですから、子どもに宗教用語を植えつけるのは不自然なことだ、というのです。このカレンダーが何百人かの親の手に渡り、宗教概念を子どもに押しつけるのは馬鹿げたことだ、と思わせてしまうことになるのは確かです。

　こういう情報がこんにち大量に出廻っていますが、こういう主張がいかに非論理的か、まったく分かっていないのです。こう考えてみて下さい。子どもが何らかの事情で孤島に置き去りになり、会話する機会がないまま成長するとします。この状況は、先程の結論のときとまったく同じ状況です。この二つはまったく同じ状況をあらわしていますが、しかし人びとはそれが同じ状況であるとはまったく考えていません。それどころか、前者の場合は非常に納得させられています。

　こういう経験をすると、こんにちの社会生活の在りようを思い知らされます。こういう発想は、唯物主義時代の余波であり、余韻なのです。

この点で、最近の出版物の中に非常に注目すべきエッセーがあります。アメリカ大統領ウッドロー・ウィルソンのエッセーです。その中のひとつは、人類の進歩の法則に関するもので、そこには、人間は本来、自分の時代の主導的な思想にどのように影響されてしまうかを、好ましい、しかも才気あふれる仕方で論じています。そしてニュートンの時代に、つまりいたるところで重力についての考え方があふれていた時代に、重力をめぐるニュートンの理論、実際には天体だけに適応する理論が、どのように社会思想、国家思想にまで影響を及ぼすようになったかを論じています。特定の分野の重力思想がすべての分野に影響を及ぼしている、というのです。本当に才気にみちた議論を展開しています。

ぜひニュートン主義の本を読んでみて下さい。きっと気づかれると思いますが、いろいろな関連の中で、「ひきつける」、「おしのける」という用語が出てきます。そしてウィルソンは非常に才気あふれる仕方で、そういう用語を使っています。ウィルソンは、純粋に機械論的な概念で人生を語り、宇宙概念で人間関係を語ることがどんなに中途半端なことかと述べ、そして今の時代でも人生がまさにそういう概念で語られており、さらに国家生活、社会生活を論じるときにもそのことが影響を与えている、と述べています。
ウィルソンは正当にも、いわば思考全体がニュートン主義の軛《くびき》の下に置かれている時代に、純機械論的な法則で人生を語ることに警告を発しているのです。ウィルソンは、われわれは別の考え方をしなければならないと言い、そこから彼の国家概念を確立していきます。

それにもかかわらず、ニュートン主義の時代状況を説明したあとでも、彼の思想の中からダーウィン主義が顔をのぞかせるのです。しかもそのときのウィルソンは、素朴にも、このことを告白しています。――ニュートンの概念では十分ではないが、有機体の内部でもダーウィン主義的法則を適用させなければならない、というのです。私たちはこのことに関しては、いろいろな例をあげることができますが、いずれにせよ今の人は、半分の論理で世を渡っています。純粋に生命体に由来する法則は、もはや有効とはいえなくなってしまいましたが、その一方で、魂の法則、霊の法則が必要とされてもいます。

人智学的な世界観に対しては、どう見ても、いたるところから矛盾が指摘されています。そのことは当然です。なぜなら、この世界観を知るには、透徹した、一貫した論理が必要だからです。この世界観は、その立場に立つ人に、中途半端ではない、首尾一貫した思考を求めています。ですから、私たちは進化をも霊的な意味で考えなければならなくなります。ウィルソンのダーウィン主義のような仕方で考えてはならないのです。このことは、人智学的世界観の現代における大切な課題です。

現在、人間の本質を規定しているのは、自己意識です。つまり今求められているのは、徐々に進化を積み重ねてきた自我の上に立つことなのです。しかしこのことは、私たちの霊的思考がこれまでの四世紀の間に準備されてきたのと同じように、準備された上で初めて可能になることです。今、人間の自己意識となって現れてきたものをさらに育成するためには、超感覚的世界からの霊的な諸力を働かせなければならなかったのです。そのことを理解するには、三つの進化段階を区別できなければなりません。現在の段階とこれまでの段階とこれからの段階です。

これからの段階は、ゆっくりと次第に自己意識が人間の中に現れてくる段階で、それを「自己意識の時代」と呼ぼうと思います。そしてこれまでの段階は、自己意識の器官が超感覚的な諸力から人間の有機体に組み込まれた時代です。つまり、霊的な諸力が人間の有機体に自意識を持たせる準備をする時代です。人間の自意識の中で魂となって働くものは、これまでの段階では、目に見えず、認識できぬ仕方で、人間本性の内部で働いていました。この二つの大きな段階を結びつける現在の段階は、人類の進化の中の特別重要な時期です。

　これまでの段階での自己意識は、大抵の人の場合、そもそも存在していませんでした。進化した人の場合は、比較的弱い仕方で存在していました。当時の人は、今日の人のようには考えませんでした。思考するときは、その思考内容を私のものだとは考えませんでした。思考内容は夢のように立ち現れてくる、と思っていました。意志衝動も感情も、こんにちのように意識の中に現れたのではなく、人間の中に本能的に生きていたものが現れたのです。

　自己意識はまだ魂のいとなみに浸透していませんでした。しかし人間が自己意識を自分のものとして持つことが将来できるように準備する本性たちが、人体組織に霊界から働きかけたのです。一五世紀から二〇世紀までの人びとは、外的な経験においても、これまでの段階の人びととは、まったく違った在りようを示しています。

　西洋文化の中に生きる人びとは、外なる物質的な働きの法則を見つけて、それを実際生活の中で利用しようとしてきましたが、それをふまえて、今、霊的な認識を目指そうとしています。自己意識が魂の中に入ってくる時代になるまで、そのようにして自己意識を用意してきたのです。

さて、西洋でも東洋でも人間は、自己意識が最初に現れた地域で、厳格な階級制度に組み込まれました。そして人びとはその諸階級を尊重しました。低い階級に生まれた人は、より高い階級に生まれ変わることを目標にして生きていました。人間の魂を進化させるためのひとつの強力な励ましになったのが、この階級制度でした。人びとは内なる魂の力を進歩させることによって、自分を来世ではより高い階級に属するにふさわしくなろうとしました。

当時の人びとは祖先をふりかえり、そこに肉体と結びついていない崇高な存在を見ていました。祖先が尊い存在だったのは、祖先がすでにこの世を去ったのに、死後、霊的に高次の世界から働きかけてくるマネス（死後の霊魂）となっているからでした。

祖先崇拝の中に、今でも私たちの中に生きていて、しかも肉体に結びついていないマネスを、つまり死後霊界へ移っていったマネスを見るということは、人間本性における偉大な目標への良い準備になりました。西洋での四つの世紀における霊的な、最上の教育は、人間を自然科学的思考へ向けさせる教育でしたが、その一方の最上の教育は、階級と祖先に畏敬の念を持つことだったのです。

このことが自己意識を進化させるのに必要な準備になってくれました。人生は階級制度と祖先崇拝との上に築かれたのです。階級制度と祖先崇拝が人生に深く浸透していくために、霊的本性たちが、階級制と祖先崇拝とに働きかけたのです。

そのおかげで、その後の人びとは、思想を心に抱くたびに「私は考える」、どんな感情の動きにも「私は感じる」、どんな意志衝動においても「私はそうしたい」、と言えるようになりました。神々が人間本性に働きかけて自己意識の存在を可能にしてくれたのです。

考えてみて下さい。これまでの段階が終わる頃に、アルジュナのような或る人物が強力なショックを受けて、一瞬、その時代の支配力から解放されたのです。私たちの場合、睡眠中に一瞬、身体の形成力から引き離されて、見霊的になったり、一八世紀の人間にもそういうことがあったように、脳の構造のために働いていた力を抑制したりしました。

当時は、ある人物が一瞬、例えばショックを受けたことで祖先崇拝やいけにえの火に対する思いから引き離されて、超感覚的世界へ眼を向けることができました。人間の自己意識を準備するための霊界からの働きかけをそこに見ることができたのです。戦いの中でショックを受けたときのアルジュナは、一瞬そういう状態にありました。そのとき、アルジュナの中で、いつもは人体のために働いていた力がその働きをとめたので、彼は自己意識の力を準備する神的本性に眼を向けることができました。クリシュナこそが、その神的本性だったのです。

一体クリシュナは、そのとき、私たちのために何をしたのでしょうか。クリシュナは、人類が進化の過程で、次第に自己意識の時代に移行していくことができるように、何世紀にも何世紀にもわたって、紀元前七、八世紀以来、人体組織に働き続けました。人間自我の建築家であり、自己意識の建築家であるクリシュナは、そのときどのように働きかけたのでしょうか。

クリシュナはアルジュナの前で、まったく自己意識そのものになったかのように語りました。ですから、私たちはクリシュナを別の面から、人間の自己意識を用意し、実現させた神的建築家として理解します。そしてまさにバガヴァッド・ギーターは、どのようにして或る人間が特別の状況下において、この建築家を目にすることができるのかを物語ってくれます。これがクリシュナのひとつの側面です。

クリシュナの本性の別の側面については、このあとの諸講義でもっとお話しするつもりです。

第六講

一九一三年六月二日

西洋文化の内部で、バガヴァッド・ギーターのような出版物について語るのは、そもそも非常な困難を伴います。なぜなら、私たちの現代という時代のいたるところで、こういう文献の基本的な理解を困難にする風潮が支配しているからです。

西洋文化の内部には、バガヴァッド・ギーターのような仕方で人間の魂に働きかけてくるものすべてを一種の哲学教義として理解したい、という憧れが支配しています。人間精神のこのような所産を、何をおいても理念的なというか、むしろ概念的な立場に立って考察したいのです。

こうした事情が人類史上の偉大な諸衝動を正当に評価することを難しくさせています。例えばこんにち、しばしば話題にされていることですが、「福音書の中にあれこれキリストの教えが出ているが、イエス・キリストがそこで語っている深い教えは、それ以前にもすでに見出せる」、というのです。「見給え、ここにも同じことが出ている」、と。

同じことがもっと古い文献にも出ているというのは、間違っていません。実際、福音書に出ている教えが、それ以前の人類の精神的所産の中に見出せることは証明されています。ですから、あれこれの教えがどこそこに出ているという主張は、間違っていません。

それにもかかわらず、そういう主張が間違っていないとしても、そのことは、人類の進化をよく考察するなら、ナンセンスな主張でしかないのです。まったく正しいとしても、ナンセンスなのです。正しくても意味のない事柄があると思えたとき初めて、私たちは或る種の事柄を、とらわれずに評価できるようになります。

例えば、ある人がこう言うとします――「自分はバガヴァッド・ギーターの中に地上の進化の中での人間精神の最大の所産のひとつを見る。自分はバガヴァッド・ギーターの中に、その後、二度と達成されなかったほどの人間精神の所産を見る」。

そしてその人は、そう言う傍らで、さらに次のように言うのです――「それにもかかわらず、キリスト教の、キリストの衝動の教えと共に世に現れたものは、バガヴァッド・ギーターとはまったく違う。そこには、たとえバガヴァッド・ギーターの美、その偉大さを百倍大きくしたとしても、決して達成されないような何かがある」。

この言表は矛盾していません。その人がはじめの内容を語ったり、あとの内容を語ったりしたら、こんにちの抽象的な思考からすれば、矛盾していることになりますが、けれども矛盾してはいないのです。

問題は、もっと先にあります。一度、こう問いかけてみて下さい――「自我衝動のもっとも偉大なものが人類の進化の過程でこの世に現れたのは、いつだったのか。この人間自我によるもっとも強力な働きは、いつ生じたのか」。

それが生じたのは、クリシュナがアルジュナの耳にこの上なく力強く、この上なく切実に、熱い言葉を響かせたときでした。世界のどこを探しても、クリシュナがアルジュナに語った言葉ほどに、人間自我にとって力強いものはどこにも見出せません。

西洋ではしばしば、もっとも偉大な、もっとも美しい言葉に一種の抽象哲学的な意味づけを与えていますが、そのような意味づけでは、そもそもバガヴァッド・ギーターのもっとも本質的な部分には行き着けません。ですから、まさに私たちの時代の西洋の学者たちは、バガヴァッド・ギーターを恐ろしく虐待しています。バガヴァッド・ギーターの場合、サーンキヤ哲学が主要な思想なのか、それとも違う思想が支配的なのかをめぐって論争さえ始めているのです。

それどころか、ある非常に重要な学者は、彼の「バガヴァッド・ギーター」を出版した際、特定の詩句に小さな活字を使っています。彼の見解では、この部分は訂正が必要だから、というのです。間違って紛れ込んだに違いない、というのです。彼の信じるところでは、サーンキヤ哲学、もしくは、せいぜいヨーガ哲学に応じたものだけがギーターでなければならないのです。

しかし、こんにち通用しているような種類の哲学は、そもそもバガヴァッド・ギーターのどこにも見出せません。こう言えるだけです——「古代インドにおいては、人間の魂の特定の基本的な在りように従って、哲学の方向がつくられた。しかしこういう哲学の方向は、いずれにせよバガヴァッド・ギーターとは何の関係もない。せいぜいバガヴァッド・ギーターの解釈、註釈として通用できる程度だ」。

東洋の精神生活を西洋哲学の立場に立って考察することは、そもそも間違っています。なぜなら、西洋哲学の意味での哲学は、東洋にはまったく存在していないからです。この点で今まさに始まろうとしている時代の精神も、哲学によってはまだ理解されていません。昨日、私たちは、いわば人間の魂がまだ学ばなければならない「関連」のことに言及しましたが、現代の精神的状況そのものが、まだ誤解されています。

何をおいても、今必要なのは、昨日の講義（の終わり）で述べたあの立場を確認することです。つまり人間の魂が一定の前提の下で、まったくリアルに、昨日取り上げたあの本性、つまりクリシュナに向き合うことができる、という立場の確認です。

アルジュナの魂は、一定の前提の下で、自己意識の時代を準備する霊（クリシュナ）に向き合います。アルジュナの魂が向き合うのは、世界（宇宙）の中で圧倒的な創造力で働く霊なのです。

このことがバガヴァッド・ギーターの中に見出せるということは、サーンキヤ哲学かそれともヴェーダ哲学か、というような一切の議論よりも、はるかに重要なのです。生きた本性たちが今、私たちに向き合っています。そういう世界状況、時代状況の生まなましい記述、そこにギーターが私たちにとって大切な理由があるのです。

このことを明らかにするために、一方で、アルジュナの所有しているような思考と感情がどんな時代のものかを示そうとしました。そして他方で、自己意識の時代そのものを理解するために、どんな創造的な霊の働きがアルジュナの魂に現れたかを示そうとしました。

そこで今、アルジュナとクリシュナという二人の生きた本性どうしを対置させるとき、単なる一面的な性格づけ以上のことが必要になります。まず第一に、ある種の全面的な性格づけが必要です。それによって生きた本性をもっと詳しく知るために。

そのような全面的な性格づけは、次のような考察によって可能になります。――私たちの魂が、クリシュナのような本性の生きる領域に参入するためには、まず、超感覚世界を正しく知覚し、体験することができなければなりません。

私は今、一見ごく当り前のことを言っているようですけれども、大抵の場合、高次の世界から何を期待しているのかを考えると、それはど当り前のことだとは言えなくなります。

人は多くの偏見を抱えたまま、超感覚的世界へ参入しようとします。これまでも繰り返して注意を促してきましたが、このことのせいで、誤解を積みかさねてきました。人は超感覚世界へ導かれるのを望んでいますが、感覚世界から得た知識を超感覚世界へ持ち込もうとするのです。その人が超感覚世界で知覚しようと望んでいるスガタ・

カタチは、物質界のスガタ・カタチが一種の光の莢《サヤ》に包まれて現れてくる、と思っています。超感覚世界で聴くことのできる音は、物質世界の音に似た音だと思っています。そのような期待を持っていると、超感覚世界の中に偏見を持ち込んでしまうのに、そのことが分からないのです。たとえどんな精妙な姿をとっていても、基本的に感覚世界と変わりのないような何かを超感覚世界の中で体験しようとしているのです。

　私たちは感覚世界の中で、光と色、もしくは色と明暗を見るのに馴れています。ですから、そのような色と光、色と明暗を通して、本当の超感覚的体験をしている、と思ってしまいます。

　本来ならわざわざそういうことを言う必要はありません。超感覚的世界の本性たちは、そもそも一切の感覚体験を超えた存在なのですから。霊的本性たちは、感覚的に特徴づけられるような姿をしていません。なぜなら、感覚的な特徴は、眼や耳、その他の感覚器官の働きをふまえていますが、高次の世界は、感覚器官ではなく、魂の器官で知覚されるのですから。

　しかしそうだとすると、私がいつも当り前のように述べてきた、というか解説し、説明してきたことは何だったのか、ということになってきます。

私はいつも、皆さんに言葉で説明してから、それを補足するのに黒板にスケッチしたくなります。そうすることで、言葉で述べたことを絵であらわします。しかしその黒板の絵が現実を現わしているとは、誰も思っていません。

考えてみて下さい。私が黒板に山を描くとします。その山の三つの頂が空にそびえています。そう語るだけでもひとつのイメージを持っていただけると思います。私が黒板に、具象的にか図式的に絵を描くからといって、誰もその絵に描かれた対象がここにあるとは思っていません。私はただ皆さんのイメージに訴えかけているだけです。

超感覚的に体験したものを、感覚界に由来する色やカタチやコトバで表わすときも、同じです。ただそのときは通常の知性を働かせるのではなく、私たちの魂の高次の感性を働かせるのです。例えば、私たちの魂が、眼に見えない世界に、ですからクリシュナの本性の世界に移っていきたい、クリシュナの本性を眼の前に持ちたいと思うとします。けれども、その魂が眼の前に持つのは、クリシュナの本性そのものではありません。ひとつの素描です。超感覚的な素描です。言ってみれば、そのような素描が霊姿内容であり、超感覚的なものの具象化なのです。とはいえ、しばしば経験させられるのは、高次の魂の力で描くカタチ、もしくは語るコトバを感覚的に受けとって、しかもそれを事柄の本質だと思ってしまうことです。

表現されたものは、事柄の本質そのものなのではありません。その表現を通して、事柄の本質を予感し、最後になってやっと直観することができるようになるのでなければなりません。

さて、私はすでに第二講で、バガヴァッド・ギーターが他にもいろいろな特質を示していますが、なかんずく、すばらしい演劇的な構成を示している、とお話ししました。これまで、ギーターの第一章から第四章までの演劇的構成を述べようと試みましたが、その演劇的な構成は、章を追って高まり、眼に見えぬ直観の領域へ入っていきます。

バガヴァッド・ギーターには中心があるでしょうか。劇的展開の中心が、です。もしもこう問うとしたら、ギーターの芸術的構成について、外的にもこう答えることができます。——全十八章のうち、まさに第九章こそが劇的展開の中心である、と。

この第九章の中には、注目すべきコトバが出ています。すべてを語ったあとで、今、人間の魂の秘密を語ろう、というのです。本当にこの瞬間に、抽象的な響きをもっていますが、深い意味をもつコトバが響くのです。そしてそれに続いて、もっとも神秘

的なコトバが来ます——「すべての存在はわたしの中にあり、わたしがそれらの中にあるのではない」。（第九章の四）

よくこういう問い方をする人がいます——「真の神秘主義、真の神秘学だったら、どう言うだろうか」。

人は絶対的な真理を知ろうとします。しかし、そのようなものはどこにもありません。どんな真理も、ある特定の状況においてのみ、なんらかの状況、特定の事情、条件の下でのみ、真なのです。そうでなければなりません。絶対的に正しい命題などありえません。「すべての存在はわたしの中にあり、わたしがそれらの中にあるのではない」、という命題も、絶対に正しいのではありません。

この命題は、クリシュナがアルジュナに向き合ったときに、もっとも深い叡智のコトバとして語られました。人間の内面の、人間の自己意識の創造者であるクリシュナが、抽象的にではなく、現実生活のために語ったのです。

そして見事な高まりの中で、私たちはバガヴァッド・ギーターの中心のところへ導かれ、その中心のところで、このコトバが私たちのところへ流れてきます。第九章でこのコトバがアルジュナに語られたあと、第十一章で、さらに新しいことが現れます。

私たちがバガヴァッド・ギーターの芸術的な高まりを知り、神秘学上の真理を知ったあと、それ以上に何が期待できるというのでしょうか。

まず、芸術的に高められたコトバで、もっとも深い内容を予感することができました。アルジュナは、そのようにして、特定の地点にまでクリシュナに導かれました。しかし私たちが第九章と第十章を、つまりバガヴァッド・ギーターのまさに中心の部分に入っていきますと、非常に独特な体験をさせられます。すなわち、その叙述内容をまともに心に思い浮かべることができなくさせられるのです。どうぞ一度、この第九章と第十章を魂に作用させよう、瞑想しようと試みて下さい。

第一章から読んできた皆さんの魂は、いわば絶えざる芸術的な高まりを感じさせられます。はじめに不死について語られ、それから皆さんの感性は、魂をゆさぶるヨーガに由来する表象によって高められます。

そしてそれからも皆さんの魂は、いわば感情をさらに激しく揺り動かされながら、さらに先へと導かれていきます。すばらしい高まりの中で、人間の自己意識の時代を呼び起こす存在のことが見えてくるのです。そのときの私たちは、人類に自己意識をもたらしてくれた形姿に心を燃え立たされますが、まだ私たちは日常の親しみのある感情の中で生きています。

けれども、高まりはさらに続きます。魂は外的な身体からますます自由になっていきます。インド人にはよく知られている見方、感じ方が述べられます。すなわち、魂が内へ引き込まれます。何も行動しないで、魂は自分の中へ引きこもり、次第にヨーガに通じるようになり、次第にブラフマンとの一体感が持てるようになります。

さらに私たちは、それに続く数章の中で、いつもの感情、つまり日常生活に由来する感情が次第に消えていくのを見ます。

第九章へ向っていくとき、魂は未知の体験のいわば眩暈《めまい》がするほどの高みへと昇っていきます。そして今、第九章と第十章の内容を、通常の生活の中で培ってきた考え方、感じ方で受けとろうとすると、どう受けとったらいいか分からなくなってしまいます。第九章、第十章に来ると、こう思ってしまいます。――今私は、人類の霊的な成果の頂《いただき》に立たされているような気分だ。助けが必要なのに、私を助けて、道筋を示してくれるのは、霊的に進歩を遂げた魂しかいない。

この点でバガヴァッド・ギーターの構成は実に独特です。第五章、六章、七章まではすでに第一章で出会った諸概念で間に合います。第二章では、万物が流転する中で、永遠なるもののための理解が求められます。次いですぐにヨーガの深みの中へ迷い込むことがないように、必要な事柄が述べられますが、それは第三章から始まります。

次いでまったく新しい雰囲気が現れます。それまでの私たちは、始めの数章で、しばしばヨーロッパ哲学を想起させるような、知的な雰囲気の中にいましたが、今私たちは、理解するのに畏敬、ヨーガが求められるようなところに立たされます。畏敬の気持ちが求められますが、この畏敬の気持ちをさらに崇高な感情にまで浄化し、魂をますます謙虚にそして敬虔にしていくとき、始めの数章におけるヨーガは、もはや私たちを支えてはくれません。突然消えてしまいます。第九章、第十章へ向けて、新たに、まったく特別の気分が現れ、私たちを支えてくれるのです。

私たちが単なる知性だけで接しようとすると、耳に響いてくるコトバは、乾いた、空虚な呼び鈴《りん》でしかありませんが、畏敬の念をもって接するなら、そのコトバは熱を与えてくれます。

バガヴァッド・ギーターを理解しようとする人は、最初は、知性、理性だけでも冒頭の数章について行けるでしょう。けれども崇高なクリシュナのコトバがその人の心にすばらしい響きとなって再び聞こえてくる第九章にまで昇っていくときには、畏敬の気分を心情に甦らせなければならなくなります。第九章にまで来た人は、聖域に足を踏み入れる前に靴を脱がなければならない人のように、敬虔な気持ちに充たされるでしょう。敬虔な気持ちで歩まなければならない聖域に足を踏み入れたのですから。

こうして第十一章に到り、私たちが敬虔な気持ちのいわば頂点に達したとき、一体何が起きるのでしょうか。次に来るのは何なのでしょうか。

クリシュナがアルジュナを導いていった頂点は、神秘的直観によるか、それとも畏敬の念によるかでなければ到達できないところですが、そこまで達することができたとき、そこに聖なる超感覚的、没形象的なものが現れてきます。この超感覚的なものが霊視の中に注ぎこまれるのです。そうすると、理性では手の届かぬ高次の魂の力、つまり霊視認識が、本質的に没形象的なもののスガタを暗示してくれるのです。

バガヴァッド・ギーターはこのことを教えてくれます。私たちがその前で靴を脱がなければならないあの聖域にまで導かれたあとの、第十一章という、この「聖なる歌」後半部冒頭の重要な一章でのことです。

そのとき、ふさわしい準備がなされたあとで、アルジュナは、一段一段、クリシュナの本性にまで導かれ、そしてその本性が霊姿となってアルジュナの魂の前に顕現するのです。この東洋の詩の表現の偉大さが特別はっきりと私たちの前に現れてくるのは、アルジュナを身近かに呼び寄せたクリシュナが霊視の中でスガタを現したときの表現においてです。

ですから、こう述べることが許されると思うのです。――人間の魂のもっとも内なる力でなければ体験できないような、この特別の体験がこのように見事に表現されたことは、そもそも他のどこにもなかったことだ、と。

このことを感じとることのできる人にとって、アルジュナが述べるクリシュナの霊姿は、ますます意味深いものになっていきます。このことはバガヴァッド・ギーターの中でもこの第十一章において、特別見事な表現になっています。すなわち、第十章までは、いわばクリシュナによって、つまり霊感を与える側の存在によって、私たちは導かれてきましたが、今、第十一章になると、恩寵によって与えられたアルジュナ自身の認識能力が表面に現れるのです。アルジュナが記述する側に立ちます。そして、そこで語られる内容は、再現することがはばかられるくらいのすばらしい霊視体験の記述なのです。――

［一五］アルジュナ言う
「おお、わが神よ！　あなたの体内に
あらゆる神々と多種多様な生物が見えます
蓮華の上に坐すブラーフマンも、シヴァ大神も
あらゆる聖賢が　そして聖なる蛇たちが――

［一六］
おお宇宙の御主《おんあるじ》よ　あなたの普遍相《おすがた》のなかに
無数の腕が　無数の腹が　無数の口や目があります
一切処に遍満して辺際なく
終わりも中間も始めも見えません

［一七］
真昼の太陽か燃えさかる大火焔《えん》のように
十方にひろがる光彩はあまりにも眩《まばゆ》いが

それでも到る処に様々な宝冠　棒　円盤等で荘厳した
白光を放つあなたの御姿を見ています

〔一八〕
あなたは究極の真理なる大実在
宇宙の本源なる大御親《おおみおや》
永遠の宗教の保護者なる大神
人類の記憶を超えた最古の御方だと私は確信する

〔一九〕
始まり無く　中間無く　終わり無く
無限の力と無数の腕を持ち太陽と月はあなたの両眼
口からは光り輝く火炎を吐き
あなたの光輝《ひかり》で全宇宙は燃え上がっている

〔二〇〕

あなたは唯一身《ひとり》で　天と地の間の
一切の空間にあまねく充満している
その不可思議の極み　その恐るべき相《すがた》を見て
三界ことごとく畏懼震撼《いくしんかん》している

〔二一〕

神々の集団《むれ》はすべてあなたの中に吸いこまれていく
恐れおののいて合掌し祈りを捧げる神々もある
大聖者《マハーリシ》や大覚者《シッダ》の群《むれ》は　〝善哉善哉《すべてよし》〟と叫び
あなたを讃美し讃歌を合唱する

〔二二〕

ルドラ諸神　アーディティヤ諸神　ヴァス諸神
サーディヤ諸神　ヴィシュヴェデーヴァたち

アシュヴィン二神　風神たち　楽神《ガンダルヴァ》たち
ヤクシャ　アスラ　シッダたちすべて　驚嘆してあなたを仰ぎ見る

〔二三〕

何という強大な御方か　数えきれぬ顔と
目と腕と股と足と腹と　そして恐ろしい歯と――
あなたの言語に絶する姿を見て
三界は私と同じように畏《おそ》れおののく

〔二四〕

一切処に遍満するヴィシュヌよ
様々な色の眩《まばゆ》い光を空に放ち
無数の口を大きく開き眼は爛々《らんらん》と燃えさかる
あなたの姿を見て私の心は恐怖にゆれ動く

［二五］

神々の支配者たる至上主よ全宇宙の保護者よ
何とぞ私を憐《あわ》れんで慈悲を与えたまえ
激怒した死神のような御顔とすさまじい歯を見て
私は恐怖に身がすくみ　どうしていいかわからない」
（『神の詩［かみのうた］バガヴァッド・ギーター』田中嫺玉訳［タオ・ラブ・ブックス］第十一章から引用）

以上はアルジュナの霊視体験ですが、この体験が可能となったのは、アルジュナの魂がクリシュナを霊視できるまでの高みへ引き上げられた結果です。そして、そのあと私たちは、クリシュナがどんな存在なのかを聴くのですが、その声はまさに強力な霊聴としてアルジュナに響くのです。

その声に耳を傾けてみましょう。

その声はアルジュナの魂的、霊的な耳に響いてくるだけでなく、次なる宇宙紀のすべての時代に響きわたるかのようなのです。

私たちは今、この場面で、むしろこう予感するのです。――新しい時代、新しい宇宙紀のための衝動が与えられた。そして、この新しい衝動の創造主自身がアルジュナの見霊的な眼の前に現れるのだ。

私たちはアルジュナと共に感じとります。私たちは、アルジュナが戦場の騒乱の真っ只中にあって、血縁者同士が血を流して戦い合わなければならない状況を、あらためて心に甦らせます。私たちは、クリシュナが与えるものが、何をおいてもこの見霊の時代そのものが、その時代のすべての聖なるものと共に消えていかなければならず、そして新たに物質中心の時代が始まらなければならない、ということを知っているのです。

そして血縁同士の殺し合いと共に始まるこの新しい時代の衝動を考えるとき、その衝動がこれまでの時代の一切の不確かな概念や制度の中に食い込んでいくのを正しく見てとるとき、そのとき初めてクリシュナがアルジュナに語り告げる事柄の意味を正しく受けとることができるのです。

［三二］至上者《バガヴァーン》こたえる

「わたしは　“時《カーラ》”　である〔註　カーラは死、運命も意味する。あらゆるものは、“時”によって創られ、“時”によって滅びる〕
もろもろの世界の大破壊者である
わたしは人々を滅ぼすために此処に来たのだ
お前ら兄弟を除いて両軍の将兵は全て殺される

〔三三〕

故に立ち上がれ　戦って栄誉を勝ちとれ
敵を征服して王国の繁栄を楽しむがよい
わたしは既に彼らの死を決定したのだ
弓の名手よ　ただ　“戦う道具”　となれ

〔三四〕

ドローナ　ビーシュマ　ジャヤドラタ　カルナはじめ
他の豪傑たちの命は既にわたしが奪った
故に彼らを殺しても決して悩むことはない

ただ戦え　お前は勝って敵は滅びるのだ」　〔同上〕

殺害について語るこの声は、人類に向けて語られたのではありません。人類に向けて語られる声だったら、人間の本性の中には、クリシュナに続く次の時代に現れるべきひとつの中心が存在する、と語るはずです。そしてこの中心と結びつきたいと願う衝動は、人間にとってはじめは手に入れることのできる至高の願いであるはずです。人類の進化においては、いずれにせよ人間の自我と無関係のものは存在しません。

このようにして初めて、バガヴァッド・ギーターは、私たちにとって、私たちを直接高揚させてくれるもの、人類の進化全体のレヴェルにまで私たちを高めてくれるものになるのです。そして、バガヴァッド・ギーターの中の変化するこの心の在りようを自分に作用させる人は、サーンキヤやヨーガについて大学教授が講じる学説をバガヴァッド・ギーターに託そうとする人よりも、はるかにそのことを心得ています。

私たちが第九章、第十章まで読み進めていって、ヨーガの導いてくれる、目眩いのするほどの高みについて予感をもつとき、そのとき初めて、アルジュナのあの圧倒的な体験が示してくれるような、あの霊視体験の意味と精神を学びはじめるのです。この霊視は、すでに感覚的な知覚内容としても圧倒的に偉大なので、私たちは、クリシュナと共にこの世に働きかけてきた造物主の崇高な偉力についての途方もなく高次の認識内容が予感できるのです。

個々の人間に語ることのできる至高の存在がクリシュナとなって、アルジュナに語りかけます。そして個々の人間が自分の内部にある諸力を最高のところにまで引き上げ、最高の意味での自己認識に到るときに出会える至上の存在、それがクリシュナなのです。

私たちが地上のすべての人類の進化を考えるとき、一般の進化の観点から見えてくるのは、『神秘学概論』で述べたように、地球そのものがすべての可能な進化段階を通って、時代から時代へと形成されていき、その結果、今、自我にまで進化を遂げた人間の舞台になってくれている、という状況です。

そのようにして宇宙と人間の進化の過程を時代から時代へと辿るとき、次の事実に気づかされます。――この人間の魂が達成することのできる最高のものは、自由な魂になることだ、と。

すべての人間が内なる魂として、それぞれ独自に発展させてきた力を十分に発揮することができるなら、人間は自由な魂になるのです。そして人間がそうなることができるように、まずクリシュナが暗示的に働きかけてくれましたが、その働きはますます強力になっていき、そして自己意識の時代の直前の時代になって、クリシュナが人間に直接働きかけるようになったのです。

地球の進化の内部において、クリシュナほどに個々の人間の魂に多くを与えることのできた存在は、ほかにいません。しかし、まさに個々の人間の魂に、です。ここで私は、まったく心を落ち着かせて、ひとつのコトバを申し上げます。まったく心を落ち着かせて、というのは、私がこれまでクリシュナについて試みてきたすべての記述と比較して、という意味です。すなわち、「個々の人間の魂以外に、地上には人類が存在する」、と申し上げたいのです。地上には、個々の人間以外にも、個々の人間の魂に属さないあらゆる用件もあるのです。考えてみて下さい。ひとりの人間の魂は、自分の中に次のような衝動を感じています――「私はひとりの人間の魂にとって可能な限りの完成された存在になりたい」、という衝動です。

このような衝動がありえます。そうだとすれば、個々の人間の魂は、それぞれ自由に、予め想定できぬほど遠くまで進化を遂げていくでしょう。しかし、人類というものが存在します。地球という惑星にとっては、全宇宙と関連した事柄がいろいろ存在しています。考えてみて下さい。クリシュナ衝動が一人ひとりの人間の魂に働きかけてきた、とします。そうしたら、何が起こるでしょうか。

　そういうことはこれまで起こりませんでしたし、多分こんにちまで、生じていません。けれども地球進化の未来の過程で、個々の魂が自由に自分の衝動を発展させて、人類進化の流れが、同じ進化の流れが自己意識の時代以降、分裂してしまうことになるかもしれないのです。

　個々の人間の魂は最高の進歩を遂げるかもしれませんが、同時にそれぞれがばらばらに分かれてしまうかもしれません。クリシュナ衝動が一人ひとりの中で生きいきと働き続けたことで、人間の魂の道がますます別の方向へ向かうことになるかもしれません。同じひとつの流れから個々の魂が個別化され、自我性を最高度に発達させていくかもしれません。

　ですから、こう言えるのではないでしょうか――「古い時代には、人間一人ひとりが一つひとつの星のように、多くの多くの光になって未来へ輝き入った。古い時代は、たくさんの個々の光を新しい時代へ送り込んだ。そしてこの光の一つひとつは、クリシュナの壮麗さを未来の宇宙紀の中へ響かせた。こうして、人類はキリスト教の始まるまでの約八百年間を過ごしてきた。それから、正反対の側から、別の働きが近づいてきた」。

クリシュナ衝動はどこから来たのでしょうか。クリシュナ衝動が人間の魂に来たのは、人間の魂の内からです。みずからの本性から創造行為をますます深めていく時です。人間の魂がクリシュナに関わる諸領域にまで到れるように、ますます内からの創造行為を続ける時です。

しかしそのとき、人間が決して自分では達成できないものが、外から人類に近づいてきました。それは外からやってきて、一人ひとりの人間に働きかけたのです。その結果、ばらばらになった人間の魂は、ひとつの同じ本性に出会いました。この本性は、外から、宇宙から自己意識の時代にやって来ました。この本性は、魂の個々の働きのためにではなく、人類全体のために、地球全体のためにやってきました。この本性は正反対の側からやって来ました。キリスト衝動こそが、この本性なのです。

今日は抽象的なカタチで、一人ひとりの人間のために、個性化がいかに用意されたか、そして時と共にますます人間がいかにこの個性化を深めていったか、を見てきました。そして、個性化されようとしている魂たちに、キリスト衝動が反対の方向から、宇宙の側から働きかけて、魂たちを再び全人類に統合しようとしているのを見ました。

　今日私が申し上げたかったのは、二つの衝動、つまりクリシュナ衝動とキリスト衝動を先ずはじめに抽象的な仕方で性格づけることでした。私はこの二つの衝動が人類進化の中間期に当たる時代に両立して存在していること、しかも正反対の方向から近づいてきたことを示そうと試みました。ですからこの二つの啓示の世界、一方のクリシュナ世界ともう一方のキリスト世界を混合することは許されません。

　これまでは抽象的な仕方でお話ししてきましたが、このあとの講義ではもっと具体的な仕方でお話ししようと思います。でも今日の話の最後は、単純な言葉で閉じようと思います。単純ですけれども、本来、人類の進化にとってもっとも重要な衝動の核心を表現している言葉です。

　私たちがキリスト紀元前十世紀とキリスト紀元後十世紀の間の二千年間に生じた事柄に眼を向けるとき、まるでこの期間を要約するかのように、次のコトバが浮かんでくるのです——「クリシュナ衝動は、個々の人間の魂のために宇宙から流れてきた。

そしてキリスト衝動は、全人類のために地球から流れてきた」。

この場合、注意しておく必要があるのは、全人類というコトバは、具体的に思考することのできる人にとって、すべての個人の魂全体のことではない、ということです。

第七講

一九一三年六月三日

こんにちの人間は、生活の中の大切な部分をまったく忘れて生きています。そしてこの事実を、当然のことながら、こんにちの科学は対象にしていません。

私たち人間を取り巻く環境世界は、大雑把な言い方をすれば、鉱物界から、植物界、動物界を通って、人間にまで及んでいます。そしてまったく当然のことながら、人間が周囲に見るすべてのもののスガタ・カタチの背後には、つまり人間を取り巻く自然界の背後には、創造する力が働いているはずです。

私たちを取り巻く自然のすべての中には、創造する力が働いているのです。このことをまずはじめに前提としなければなりません。私たち人間が認識内容を獲得できるのは、人間界以外にも鉱物界、植物界、動物界が存在しており、人間がそれらの世界を観察することができるからなのですが、人間が自分の世界である人間界についての知識を得ることができるのは、いわゆる外なる自然界の三つの分野の中に働いている以上の力が人間の中に働いているからです。しかし人間は、自然の諸領界を超えた力を自分の内に担っているにもかかわらず、通常の認識手段では、その力を認識できずにいるのです。自然科学はその力についてまったく知ることができずにいます。

なぜなら、何かを見ることを可能にする眼が眼自身を見ることができないように、人間は認識を可能にする働きそのものを、自分の中に認識することができないからです。

今、単純な言い方をしましたが、この考え方はまったく正しいのです。眼が自分自身を見ることができないのは、もっぱら他を見るために存在しているからです。人間の中の認識力も、その力そのものを認識することはできません。もっぱら対象を認識するために存在しているのです。でもこの認識力こそ、人間が動物を超えて存在していることの証《あか》しなのです。

唯物論的ダーウィン主義は、問題を単純化しています。人間が動物を超えていることを示す本来の認識力のことをまさに認識の対象にできない、という当り前の単純な事実を忘れているからです。ダーウィン主義は、この認識力を否定し、動物界に属している限りでの人間だけを考察するのです。

皆さんは唯物論的ダーウィン主義の本来の誤謬、思い違いがどこにあるか、お分かりだと思います。人間本来の認識力を自分の中に見出せないのです。眼が自分の眼を見ることができないのと同じように、見出せないのです。

しかし眼は、別の人の眼を見ることならできますから、いつでも自分の眼の存在を信じています。しかし認識の場合は、眼のようにはいきません。認識は自分の働きを認識できません。別の人に対面して、別の人の認識を、つまり人間を動物状態から引き上げる認識を見てとることが、少なくとも論理的には可能ですが、しかしこのことも不可能なのです。これまでの私たちの考察からも明らかな理由によってです。

人間にとって外の世界を認識するとは、どういうことでしょうか。すでにこう申し上げました。絶えざる破壊行為である、と。外にある脳神経の構造を破壊すること、消耗させることです。

いつもの日常生活の中での私たちが、外なる物質界を認識しようとするとき、神経系の中に破壊過程を生じさせます。創造過程が生じるのではないのです。人間を動物のレヴェルから引き上げる創造的な行為は、覚醒時の通常の認識行為においては、そもそも神経構造の破壊を抑止できないのです。しかし、こうも言えます。覚醒時の日常生活の中では、創造過程は休んでいる、眠っている、と。

唯物論的ダーウィン主義をナンセンスであると認識できるような働きはすべて、もともと目覚めてから眠りにつくまでの間は、眠り込んでいるのです。このことを自覚しているだけで、すでに重要な認識が得られます。人間を動物のレヴェルから引き上げるものが休んでいる間に、認識の破壊過程が進行していくのです。動物組織を生じさせる創造的な諸力は、人体組織内で働いている力の背後に完全に隠れています。

この創造的な諸経過は、覚醒時にはまったく働いていません。その代わり、動物性を超越するのを絶えず破壊する別の経過が働いているのです。それが人間の創造行為だと思われています。この行為が、まさに覚醒時の中で働き、そして破壊されて消えていきます。

本来人間を動物性から超越させる諸力は、覚醒時には眠っていて、睡眠中に現れてきます。そして睡眠時に、破壊されたものが復活します。いわば再び充填《じゅうてん》されます。人間の動物性を超越させる創造的な力は本来、睡眠時の人間においてのみ知覚されるのです。

ですから、こう言うことができます。覚醒時に使い尽くされた力は、睡眠時に甦って、人間を動物性から超越させる、と。この力は、こんにちの外的自然科学には認められていませんが、今徐々に予感されつつあります。しかしその場合にも、この力をまったく外的手段で明らかにしようとしています。

この力は、人体を再組織化する経過が、睡眠中に遂行されるのを観察できるようになったときにのみ、本当に観察できるでしょう。

いつか自然科学が動物性を超える力を人間の中に認めるようになるなら、まさに睡眠中の人間の動物性を超える状態を物質的にも確認するでしょう。覚醒時に破壊的に働くものが、睡眠中は創造的に働くことが認められるでしょうから。いつか自然科学が人間の再生力を動物性の働きから区別できるようになれば、人間を他の動物から引き離す創造力が地上生活の中に働いていることを認めるようになるでしょう。ただその力は、人が眠っているときでないと、目覚めないのです。

ですから本来、人間の本来の創造力は、目覚めると眠ってしまい、そして眠ると、目覚めます。

以上のことから分かるのは、人間の本当の創造力は、人間が睡眠中に見霊的になるときにのみ知覚される、ということです。つまり、いつもと同じ睡眠状態の中で見霊的に目覚める時があるのです。

今回、第五講の中で、そのことに触れました。しかし今日すでに申し上げたように、あるやり方で、睡眠中でも次第に人間を動物性から超越させるこの力への示唆を見出すようになるでしょう。

けれども、いつも示唆にとどまっています。なぜならこの力がこんにち、見霊意識にみずからをあらわすとき、みずからの本当のスガタを外へ向けて示すことができないことは、明らかだからです。今後いつか、自然科学上の事実からこの力を推察するようになるでしょう。

しかし、この力が本来知覚できないという理由とはまったく別の理由から、知覚はできなくても、この力を推定することが可能です。その理由は、この力、人間の創造力であるこの力が、すべての他の自然力と特別の関わり方をしているからです。このことはかなり難しい課題ですが、私たちは以下のような仕方でこの課題に応えることができるはずです。――

ここに排気機のついた排気鐘があり、その中を本当に真空状態にできたとします。これは誰にでもやれることです。ですから誰かが自分の知性を感覚世界にしるしづけようとして、こう言うとします――「この中には空気が入っていません。中は真空状態です。もうこれ以上のことはできません。真空以上に空の状態はありませんから」、と。

しかし、この言い方は正しくありません。考えてみて下さい。私たちはポンプで空気を抜きとり、中の空気を稀薄にしていきます。そうすると、やがてゼロの地点に到り、さらに空気を抜いて、空気をゼロ以下にするのです。そうなったら、その排気鐘の空気がゼロ以下になってしまいます。

物質にこだわっている人は、こんな状態を思い描くことはできないでしょう。なぜなら通常、「無以上の無」はイメージできませんから。

感覚的知覚の分野でなら、このイメージを作ることが可能です。考えてみて下さい。私たちが森の中で、多くの鳥の鳴き声を耳にします。私たちはこの鳥の鳴き声の中にいます。しかし私たちはそこから離れていき、森の外へ出ていき、もうその鳴き声の聞こえないところにまで来ます。

しかし私たちはさらに外へ出ていきます。そして耳にする音がもっと少なくなっていき、そしてまったく音のしないところへ来ます。そこまでは容易にイメージすることができますね。しかし何も聞こえないところよりも、さらに先まで行くのです。自明のことを公理として受けとるのは、とても楽です。ですから、西洋の哲学書の多くの中に、次のような内容を読むことができます。――無以下のものはどこにもない。無より少ないものはない。ある哲学者たちは、無はどこにもない、とさえ主張する。

ここで私はとてもあたりまえのことを申し上げなければなりません。人びとは人生の中で、「無」も「無以下のもの」も、ある種の場合には存在することをよくわきまえています。みなさんが財布の中に十マルクもっている、としますと、その十マルクはどんどん少なくなって、五マルク、四マルク、三マルク、二マルク、一マルクになり、最後の一マルクもまた使ってしまいます。もう一マルクも残っていません。

しかしこの場合、実際に「無以下のもの」があります。現実にそういうことはいくらでもあります。誰でも二、三、四、五マルク借りがあるよりも、一マルクでも財布に残っているほうが安心です。

借金は無以下です。そしてこの無以下は、私たちの実際生活においては、確かな、厳しい現実です。この無以下の現実は、所有している現実よりもはるかに厳しい現実です。

この通俗的な例が示すものは、世界中に見られます。すべての哲学上のたわ言、「無」、「無への道」などなどは、本来、しばしば当然の要求であるかのように語られますが、ぼやけた、曖昧模糊とした戯言《たわごと》でしかありません。無についての戯言そのものが無なのです。何事か、物質界での何事かが無にまで引き下ろされるのは、仕方がありません。そしてさらに無以下にまで引き下ろされるのです。

無がいたるところで現実の要素として存在することに文句はありません。周囲の世界は、鉱物界、植物界、動物界のすべては、無に等しいと考えることさえできます。しかしそれがさらに、無より下にまで引き下ろされます。無意識に眠っているとき、そこからさらに創造的な力が引き出されます。人間が眠っているとき、人間を再生させる力が生じるのです。私たちを取り巻く自然の力と私たちは、そういう関係にあるのです。

しかし通常の自然科学は、これらの力の外側しか知らないので、そういう自然力の側面にまったく関わろうとしません。なぜなら通常の自然科学は、本当の自然力に対して、まるで私たちが豆の性質を無視して、ただひら豆十個、えんどう豆十個、そら豆十個と数だけ数えているようなものです。豆はみんな十個だ、十個だ、と数しか問題にしないのです。そのように外的な自然科学は、区別しようとはしないで、事柄の数という表面をなぞっているだけなのです。

次のように考えてみて下さい。自然科学が次のような問題に出会ったとします。生体は眠ることで再び力を更新するのなら、そこになんらかの力が働いているに違いない、という問題です。その場合、自然科学は、この力に対して次のような向き合い方をする人のようなのです。例えば、「十五マルク今持っている」という人に対しては、こう返事をします――「マルクそのものの性質には興味がない。あなたは十五もっているのですね」。そのとき別の誰かがやってきて、「私は十五マルク借金をしている」と言いました。そうすると同じ人はこう言います――「そんなことはどうでもいい、あなたも十五もっているのですね」。

この人には状況が分かっていません。だから睡眠中人間を元気にする力の特質が無視されています。この元気にする力を通常の自然法則と混同していますから、高次の法則がそこに働いているのが分からないのです。

　こんなことを申し上げたのは、外的な科学が真実を認識しようとするとき、どんな困難に出会わざるをえないかを示すためです。自然科学は結論を引き出し、真実に辿りつきます。しかし、そういう結論は、特定の人びとにとって必要不可欠のものではありません。現代科学もいつかは次第に超感覚的認識の上に立つ研究をするようになっていくでしょうが、もちろん生体の活力は、私たちが外なる鉱物界、植物界、動物界に活発に働いている力とはまったく違うものなのです。

　私は今、動物も眠る、という表面的な非難に応じる余裕はありません。こういう非難は実際、論理的にもまったく価値がありません。しかし人びとは、事柄の本質にではなく、概念によって判断するので、その非難の価値のなさに気づいていません。動物の眠りを考察する人は、論理的に、次のように言う人と同じ誤りを犯しています——「私は小刀で鉛筆を削り、同じ小刀で髭を剃る」。そのとき別の誰かはこう言うかもしれません——「そんなことはありえない。小刀は肉を切り裂くためのものだ」。

　人の判断とはそうしたものです。同じ小刀なら、別の分野でも削るだけで、剃ることはできない、と人は考えます。しかしこの考え方は、次の場合と同じ誤謬です。

——肉を切り裂くときにしか小刀を見たことのない人が、小刀で髭を剃っている人を見て、小刀で髭を切り裂いていると思うのと、です。眠りは動物の場合と人間の場合とでは、まったく別の機能なのです。

今皆さんに示そうとした人体に働く力は、睡眠中の人間にとってのみ問題になる力です。睡眠中に生体を再生する力なのです。しかしこの力は、別の力にも通じます。同じように、無意識的に発達する力にも、です。それは人間の生殖、成長に関わる力です。この力の場合、ある年頃になるまで聖なる無知が、子どもの無邪気さが支配しています。そして一定の年頃になると、この力が意識化されて現れます。それは性欲、肉欲と呼ばれる力です。

性欲の力は、その基本的な在り方を見ると、人間の中の使い尽くされた力を睡眠中に甦らせる力とまったく同じです。ただこの再生する力は、他の人間本性と結びついているので、表面に現れていません。その力が思春期になると、性に目覚めさせるのです。

この性欲は、人間本性の中で、はじめは準備段階にありますので、まだ目覚めることなく、睡眠中に働く別の諸力に混じって、生まれたときから存在しています。

しかしこの力は、すでに幼児期にすばらしい秘儀を表しています。後に性欲となって目覚める生命の力は、すでに幼児期に、さまざまな無作法、無茶ぶり、自分勝手その他の、多かれ少かれ不快感を感じさせる行為の中で、神々の息吹きのようにさえ感じさせる無邪気さとして現れています。

子どものどんな行為も、おとなの行為の無邪気な現れです。そのことを踏まえるなら、神々の息吹きのような無邪気さが後年おとなになってから堕落したかたちで現れていることにも気づかされます。

このことをどうぞ感情で受けとって下さい。そうすれば人間の本質が全体として認識できるはずです。すなわち、人間の本性の或る力が無邪気な幼児期には眠っていますが、後になると、その力はおとなが無邪気になるとき、つまり夜、睡眠中、無邪気さの中に沈むとき、目覚めて働いてくれるのです。

つまり、人間本性は、いわば二つの部分に分かれています。私たちみんなの中には、二人の人間がいます。一方の人間は目覚めてから眠るまでの私たちです。もう一人は眠ってから目覚めるまでの人間です。一方の人間の中にいる私たちは、私たちの本性を動物にまで引きずり下ろそうとしています。認識によってではなく、霊性では制禦できない力によってです。いつでも、私たちの本性を動物にまで引きずり下ろそうと努めているのが覚醒時の私たちです。

しかしこのような人間を超えて、私たちを引き上げてくれるものが、まず優しい力となって、幼児期の成長する力の中で働いてくれます。そしてこの力が目覚めるのは、睡眠中なのです。睡眠中、覚醒時に破壊されたものを再生する力となって働いてくれます。

ですから、私たちの中の一方の人間は、創造的な働きに従っていますし、もう一方の人間は、その働きを破壊します。人間のこの二重性が大切なのは、感覚が知覚するすべてのものの背後に、別の人間を推察させてくれるからです。創造的な働きが支配している人間をです。

人間の自己形成力となって働いているこの第二の人間は、そのままの姿で現れることは決してありません。いつも何かの中に混在していますので、この第二の人間は、覚醒時にも現れていませんし、睡眠時にも現れていません。睡眠時も肉体とエーテル体は、日中の破壊力の作用を受け続けています。そして破壊作用がやっと収まると、私たちは再び目を覚ますのです。

現在の人間が進化を始めた最初の時代であるレムリア期以来、そういう状態が続いています。私の『神秘学概論』に詳論したように、人間はこの時期にルツィフェルの影響を受け、その結果、人間は絶えず動物性に引きずり下ろされ続けているのです。

しかしその一方、人間がまだ十分に自覚できないでいる自分の本性の創造的な働きは、ルツィフェル衝動を受ける以前のレムリア初期から、人間本性として働いていました。私たちが出来上った人間からこれから生じる人間へ、被造物としての人間から人間の創造する諸力へと考察の眼を向けますと、私たちの視野は広がり、あの初期のレムリア時代が見えてきます。その当時の人間は、まだまったく完全にこの創造する諸力に衝き動かされていました。

人間は、その頃こんにちの人体形姿をもつようになりました。レムリア期のこの時点から人類の歴史を辿っていくと、それ以後に生じたすべてを通して、私たちはいつでも、人間のこの二重性を眼の前にします。当時の人間が、一種の低次の本性の中に入り込んでしまったからです。けれども——アカシャ年代記が示しているように——、そのような人間に並んで、人間を創造する力に貫かれた人間も現れていました。いわば姉妹魂、兄弟魂のように、別の魂をもった人間もです。

この姉妹魂は、人間の進化の中に組み込まれることなく、人間の進化から引きとめられていました。その魂は人間を創造する力に貫かれているだけでした。古レムリア期に、いわば姉妹魂または兄弟魂が――当時この二つは同じことでしたから――人間の進化から離れたところで存在していました。

当時、人間の進化から離れていたこの魂は、人間の肉体をまとうことなく、眼に見えずに、人体形成のために働いていました。この魂は、人間のようにこの世に生まれてきませんでした。もしもその魂が生まれ、そして死んでいったら、人間の物質的経過に組み込まれてしまったでしょう。

この魂は眼に見えぬところで働いていました。そしてあの見霊的な高みに、あの見霊力の状態にまで高められた存在たちによってしか知覚されませんでした。この高次の存在たちは、いわば、睡眠時の状態で目覚める力があったのです。

当時の人間は、姉妹魂の中に働いている諸力と親和していました。人間は進化の過程を辿ってきましたが、ひとつの魂が、自分を犠牲にしながら、その進化の過程のために生きていました。その魂は、はじめは人類の進化過程の中で受肉することなく生きていました。つまり、人間の魂のように生と死を繰り返すことはなかったのです。

この魂は、人間が睡眠時に見霊的になることができたとき、そのときにのみ眼に見えるものとなり、人間の前に自分をあらわすことができました。この魂は、人間が特別の見霊状態にあったとき、その人間に働きかけたのです。人間たちは、修行により、または自然のままに、創造する力を認識できるような見霊力を持っていました。そして特別な修行の場が、歴史の中に現れた場合には、いつでも、人間の傍らに、ひとつの魂の存在を認めることができました。この魂は、大抵の場合、睡眠意識にまで霊眼の視野を拡げることができたとき、姿を現しました。

　アルジュナの魂は、自分の周囲に起きた出来事の中で、すなわちクルクシェトラの戦場でクル族とパンドゥ族が対峙していた状況の中で、心を激しく揺さぶられたことによって、アルジュナの馭者の魂を通して、この特別の魂の語るのを聞くことができました。馭者という人間の魂を通して語ったのは、クリシュナでした。そのとき、人間の魂の中に自己意識の衝動を沈めたのは、どんな魂だったのでしょうか。それは古レムリア期に留まっていたあの魂だったのです。人類が本来の地球紀の進化を始めたあの古レムリア期に、です。この魂はそれ以前にもしばしば出現しましたが、いつも霊的な存在として現れました。

崇高な歌、神的なギーターが私たちのために生じた時代に、このクリシュナの魂に一種の受肉が生じました。しかしさらにその後も、人類の歴史の中で、この同じクリシュナの魂が或る少年の中に受肉しました。皆さん、皆さんの多くは、私が何度も語ってきたことを知っていらっしゃると思いますが、キリスト教の創設期に、ダビデ家の血をひく二つの家庭に、二人の少年イエスが生まれました。その少年のひとりはマタイ福音書のイエスで、もうひとりの少年は、ルカ福音書のイエスです。このことは、なぜマタイ福音書の記述とルカ福音書の記述が一致しないのかの真の理由です。

さて、ルカ福音書の語る少年イエスの魂は、それ以前、人体に受肉したことのない魂でした。とはいえ、その魂は、私たちの本来の進化が始まった古レムリア期には、人間の魂だったことがありました。それはクリシュナとして顕現した魂と同じ魂です。このように私たちは、「クリシュナ衝動」が意味するものを、人間の自意識への衝動を、ルカ伝の少年イエスに受肉した魂の中に見ることができます。この少年の中に受肉した魂の働きは、性欲となって目覚める前に、幼年期に、聖なる無垢の状態で眠っている働きと同じ性質のものです。

この魂は、ルカ伝の少年イエスが性的に成熟する時期になるまで、活発に働いていました。人類一般のからだと同じ少年イエスのからだは、幼児期の聖なる無垢の性的な働きと親和した働きにはもはや適合しなくなり、それ故、もう一人の少年イエスの魂、つまり皆さんがご承知のツァラトゥストラの魂、つまり輪廻転生を繰り返して、その間の諸体験によって高みにまで達した魂が、ルカ伝の少年イエスのからだに乗り移り、そのときから私の著書『人間と人類の霊的な導き』で述べたように、このルカ伝の少年イエスのからだに結びついたのです。

私たちはここで、ひとつのすばらしい秘密に触れることになります。ひとりの人間のからだの中に、ルカ伝の少年イエスのからだの中に、人間が地上に、地上の受肉の系列の中に降りてくる以前のままの人間の魂が入り込んだのです。

この魂は、人体の中で、この人体が一二歳になるまでしか働き続けることができませんでした。ですから一二歳のとき、別の魂が、しかも人類のこれまでの進化発展を共に生きてきた魂、ツァラトゥストラの魂がこの特別のからだに乗り移ったのです。ここにすばらしいことが生じました。人間の内奥に存在する本来の自己が、つまりクリシュナと呼ばれる本性が、衝動となって、つまりクリシュナ衝動となって輝くのです。その衝動がルカ福音書の中で述べられている少年イエスに浸透しています。この衝動の中には、人類のもっとも内なる力が組み込まれています。その力を私たちは「クリシュナの力」とも呼んでいます。なぜなら、この力の根源がクリシュナだからです。

私は先回の講義で、いわば根のないもののように述べましたが、このクリシュナの根は、人間の太古の時代であるレムリア期の中にまで延びています。この根は、人間のからだが進化を始める以前の時代にも人間と結びついていました。この根は、このクリシュナの力は、人間の内面が内から進化、発展を遂げるように働いていました。この根は、ルカ伝の少年イエスの中で、具体的にひとりの人間本性の内部で成長し、ツァラトゥストラの魂がこの特別の人体の中へ入ったあとでは、生存の表面下に留まっていましたが、その後、聖書がヨハネの洗礼として述べている時点で、つまりこの特別の人体が三〇歳になった時点で、今全人類に属しているものが、このからだに近づくのです。

「これはわが愛する息子、今日、私はこの子をつくった」、という声が響いたとき、キリストが別のほうから物質存在に近づいてきます。このときこそ、私たちの眼の前のからだの中で、昨日私たちが抽象的に考察したものを具体的に体験する瞬間なのです。全人類に属するものがこのからだに近寄ります。このからだが内に持っている力は、別の衝動によって人間がもっと発達させようとしている内面の個別的な働きを、最高の理想にまでもたらす力なのです。

ヨルダン河におけるヨハネの洗礼は、世界史における決定的な瞬間ですが、こんにち私たちにこの瞬間の意味を理解するように導いてくれる事柄に眼を向けるなら、私の信じるところでは、皆さんは次のように言わずにはいられないのではないでしょうか――「このような人智学的な考察は、キリストの思いの偉大さになんらかの仕方で傷をつけたりはしない。反対である。この考察はキリストの思いに心を寄せることで、従来の外的、公的な考察に、さらに多くの大切な事柄を加えている」。

今日、私が申し上げたかったのは、公平な心のために、人類史の外的な経過の中からいくつか大切な事柄を取り上げることでした。けれどもそれだけでは、この秘密は解けません。おそらく、誰かが、数年前のバーゼルでのルカ福音書講義を手にして、こう思うのではないでしょうか――「なるほど。でも、そもそも、この講義で述べられているような事柄が、なぜその当時はっきり述べられなかったのか？」

私はバーゼルのこの講義の中で、はじめて少年イエスが二人いたこと、一方の少年の中には、ツァラトゥストラの魂が生きており、その魂が特定の時点になって、もうひとりの少年のからだに乗り移ったことに言及したのですが、このことが理解できた事情は、特別だったのです。つまり、この真実の全体がひとまとめで見出され、理解されたのではないのです。私がはっきり理解できるようにその真実をまとめたのですが、そのまま見出したのではなく、数日前に申し上げたように、まずひとつの真実が見えてきました。その後で別の真実が、二人の少年イエスというこの認識の根幹に付け加わりました。

このことからでも分かっていただけると思いますが、私たちの運動である人智学の場合、何も合理的に組み合わされた構造があるわけではありません。つまり、合理的な何かを主張するのではなく、まず見霊的に観察した事柄を取り上げ、そのあとで人間理性による吟味が加えられます。ですから、私が私自身の課題だと思っていることを別の誰かに押しつけるつもりはまったくありません。

二人の少年イエスについての理解は、外的な（史料による）歴史研究によって生じたのではなく、始めから霊的な事実だったのです。そしてそのあとで、クリシュナの秘密との関連が開示されました。このことからも理解していただきたいのですが、私たちの時代における神秘学的な人間考察がどのような仕方で、地球の進化本来の根本衝動を一人ひとりの人間の魂にも理解できるようにするか、が問題なのです。このことはこれからますます歴史の中に光を投げかけ、真の科学が人の理解力に語りかけるだけでなく、本当に人間の魂全体を充たすようになるでしょう。このことは私たちが事実の世界により深く入っていけばいくほど、思い知らされると思うのですが、霊的な事実を知る人は、こういう事実の偉大さ、すばらしさに気づかされるようになるでしょう。

私たちの魂全体は、悟性、理性に関与するだけでなく、私たちの魂全体は、こういう仕方で真実に関与するとき、鼓舞、激励されるのです。そして、特にあのすばらしい事実に眼を向けるようなとき、そのことが言えます。人類の内面のすべてがひとりの人体に生きたのです。そしてその一方で、地球の進化全体からひとつの魂が成長、発展を遂げ、そしてこのからだに宿ったのです。そしてさらに、三年の間、宇宙から全人類に分与されたものが外からこのからだに入ってきました。このことは本当に、私たちの魂全体を震撼させ、充足させます。

霊的な時代が私たちをこのような瞬間にますます没頭する可能性を与えてくれるでしょう。しかしこの霊的な時代と不可分なのは、偉大な宇宙の謎、宇宙の秘密に対して、かつての時代とは別の仕方で向き合うのを学ぶことです。つまり、悟性と理性で聖なる謎に向き合うのではなく、私たちの魂全体で向き合うのです。

そうすれば私たちは魂のすべてで、人類の進化に参加できるでしょう。その参加するための在り方が、私たちにとって、聖なる人類意識の源泉になります。こうして私たちの魂は、充たされ、今述べたような衝動を地球を超えて発達させるべき人類の一員になれると感じ、魂を希望で充たすことができるようになるのです。

第八講

一九一三年六月四日

バガヴァッド・ギーターのような崇高な歌をすべて理解しようとするのなら、まずこの歌の根底にある感じ方、感情に自分の魂を導き入れなければなりません。とはいえこのことは、基本的に、西洋の人たちのような、自分の感情、感じ方がバガヴァッド・ギーターから遠く離れている人たちの場合だけに言えることです。もちろん同じ時代の思想であれば、直接受けとることができますし、古い時代の思想であっても、同じ民族精神の所産であれば、いつでも直接受けとることができます。

けれども南アジアではなく、西洋の諸民族の場合、その感情、感じ方は、バガヴァッド・ギーターからまったく離れています。もし誰かが自分の魂のためにあらかじめ準備することなしに、いきなりこのような詩文、つまりバガヴァッド・ギーターに近づこうとするのなら、まったく異質な霊的、魂的な在りように向き合う用意ができていなければなりません。

ですから、多くの誤解が限りなく生じることになってしまいます。私たちの時代区分で言えば、キリスト教の始まる以前の九、一〇世紀の未知の民族文化から生じた霊的成果は、西洋の人びとにとって、例えばフィンランド人のカレワラやギリシア人のホメロスのような詩文以上に、直接そのまま理解することができません。ですから、バガヴァッド・ギーターへの道を示してくれる事柄を、いくつか取り上げる必要があります。

そのことで特に私は、ひとつのことに注意を向けたいのです。霊的生活の頂点は、そもそも、どんな時代においても、理解の範囲を超えた「秘密」でした。私たちの時代に到るまで、秘密であり続けています。

私たちは今、新しい時代の黎明期を生きているのですが、この新しい時代の特徴のひとつは、広い範囲でこれまで秘密であり続けたこと、ごくわずかな人たちだけに知られていたことを、社会の広範囲の人びとに広め、普及させることなのです。

だからこそ皆さんは今、ここに集まっておられるのです。これまで人類社会の広い範囲でずっと秘密にされてきた事柄を世に出すこと、これを私たちの運動の課題にするのでなければなりません。秘密を公開する時代が来たのです。皆さんが人智学の世界観に、人智学運動に関わることになったきっかけは、多分意識されておられないかもしれませんが、こんにちまで特定の秘密であった事柄がすべての人に伝えられなければならない、という思いによるのです。たとえその思いが無意識であっても、です。

私たちの時代になるまでは、別の理由からも、一定の事柄が秘密にされてきました。人びとが秘密にしてきたから、というよりは、人類の必要な進化の流れの中で、秘密であり続けなければならなかったからなのです。

言い伝えによれば、古代の秘儀の秘密は、特定の厳格な規則に従って、一般社会から守られてきました。というか、むしろ一般の人にはわからなくてもいいことだ、という古代人の一般の考え方に従って、秘密が守られてきたのです。古代の秘儀は、そのようにして守られてきました。

この無理解というか、無関心であることは、なんらかの形をとった規則よりも、はるかに強力な仕方で秘密を守ってくれました。基本的には、今でも、まさに唯物主義の時代の特性によって、この無関心が、さらに徹底して、この秘密を守り続けてくれています。
以下の事実は、私たちの時代に語ると、何か非常に異端的に聞こえますが、例えば、中部ヨーロッパにおいて、フィヒテの哲学におけるほど、よく守られてきた秘密はありません。フィヒテの哲学は厳格な規則によって秘密が守られているのではありません。なぜなら、フィヒテの書物は公刊されていますから、誰でも読むことができます。とはいえ、理解されず、秘密であり続けています。このような仕方で人類の進化にとって重要な多くの事柄が秘密であり続けています。公刊され、世に現れていても、多くの事柄が秘密であり続けています。

しかしこの秘密に関わる事柄は、人類の進化におけるひとつの特徴であるだけでなく、別の観点からもそうなのです。その観点は、バガヴァッド・ギーターに近づこうとする私たちにとっても重要な観点です。――古代インドの感情、心情、感性の在り方、そこからギーターが生み出された、そういう在り方のすべては、根本的に、その霊性のすべてにおいて、ごく少数の人たちにしか理解されずにいました。

さて、これから申し上げることは、人類の進化のひとつの特徴をなすものなのですが、たとえはじめは矛盾しているように見えても、まったく叡智のたまものなのです。

ある時代に少数の人たちがその本質の深みから生み出したものは、一般によく知られるようになったあとでも、秘密であり続けます。ですから同時代の人にとっても、信者にとっても、その霊的所産の属する民族にとっても、バガヴァッド・ギーターによって開示された教えは、ひとつの秘密であり続けてきました。そして後世の人も、その教えの本来の深みを知らずにいました。

人びとが或るとき、その霊性を信じるようになり、多分驚嘆したかもしれません。しかし、本当に深いところまで理解することはなかったのです。同時代人も、後世の人も、本当の理解にまでは到りませんでした。ごく僅かな人たちだけしか、本当の理解に達しませんでした。そしてその結果、かつてまったく特別の霊性の流れとして存在したものを、後世の人は歪《ゆが》めてしまいました。

一般に同じ民族に属していても、後世の人たちは、大切な歴史的所産を理解できずにいます。例えば、もっとも深い意味でバガヴァッド・ギーターの中を流れている霊的潮流を、こんにちのインド人の基本的な感性や感情の中に見出すことはできません。熱狂的な感情や感性に貫かれた信仰なら、いくらでも見てとることができますが、深い理解にまでは到れずにいます。

このことは、古い時代だけではなく、特に一四、一五世紀から一九世紀に到るまでの、まさに過ぎ去ったばかりの時代の信者、信奉者にあてはまります。このことに関しては、ひとつの深い真実を含んだ逸話が残されています。ヨーロッパの或る偉大な思想家が死に際して、こう語ったというのです――「ひとりだけ私のことを分かってくれた人がいたが、その人は私を誤解していた」。逸話ですが、深い真実を語っています。

だからこうも言えます――「この過ぎ去ったばかりの時代にも、霊的な本質を示す誰かがいた。けれどもその時代の大半の人たちは、その誰かの真の姿を知らずにいた」。この逸話は、私が言いたかったことと無関係ではありません。

こんにちの東洋の、インドの人びとの中にも、非常に頭のいい人がいくらでもいますが、その人たちの思考も感情も、バガヴァッド・ギーターに由来する感情の流れを理解することができなくなっています。そしてそういう東洋の人に向けて、西洋からは深みのない、表面的になってしまったものだけが近寄っていくのです。その結果、二つのことが生じています。そのひとつは、東洋人の場合、特にバガヴァッド・ギーター的な人の後裔の場合、表面化された西洋文化に由来するものに接すると、次のような感情を抱くことになりかねません。――現代の文化は、すでにバガヴァッド・ギーターの中に見出せるものよりもずっと劣っている。われわれは西洋の精神生活の深みに存在するものよりも、バガヴァッド・ギーターとはるかに深く結びついている。

ですから私たちは、私たちの精神文化の程度の低さに多くのインド人がびっくりしたことを理解できなければなりません。けれどもまた、別の多くのインド人は西洋の霊性文化の深い部分を受けとろうとしています。インド人の中には、私たちが今大切にしている霊性の本質を受容しようとする人たちさえいます。あえて名前を挙げるとすれば、ソロヴィヨフ、ヘーゲル、フィヒテの思想の本質を、です。

こういう西洋思想の本質を受容したいと願っている多くのインドの思想家がいます。しかしこのことで私は、辛い経験をしたこともあります。

私たちの神智学協会ドイツ支部が設立された、まだ始まったばかりの頃、協会員たちに、私も含めて、あるインドの思想家から彼の書いた論文が送られてきました。彼はこの論文の中で、フィヒテ、ヘーゲルの哲学から学びとることのできるような西洋の重要な考え方とインドの重要な哲学思想との関連を論じようとしていました。しかし私は、この論文の問題意識に入っていけませんでした。この論文の著者の誠実な態度を否定するつもりはありません。それどころか、その態度に感服せざるをえません。しかしそのすべての誠実な努力にもかかわらず、彼の理解の仕方は、フィヒテ、ヘーゲルの考え方、表象の仕方の深いところにまで届いていなかったのです。しかし、それは当然だとも言えます。インドの思想家は、啓蒙思潮以来のヨーロッパの近代思想のあの葛藤を知らずに済んでいるのですから。

こうも言えます。この人物はまったく異質なヨーロッパ近代の思想傾向に関与しようと誠実に努力したが、しかしヨーロッパの一九世紀が惹き起こしたさまざまな物質中心主義の障害を通り抜けずに済んでいたのだ、と。敢えて通り抜けようとすれば、思想の地獄を生きなければならなかったでしょう。

あとになって別の神智学者の講演を聴く機会がありました。この人は本来のヨーロッパ精神史の深刻さを知らずにいたらしく、あのインドの思想家をふまえた内容の講演をしました。ヨーロッパ人なのに、あのヨーロッパ史の深淵にまったく気づくことなく、このインドの思想家の提示したものを、特別優れた叡智として自分の支持者たちに伝えようとしました。もちろんその支持者たちは、まったく倒錯した合理的、知的な基礎の上に立って語られていることに気づいていませんでした。

しかし話の中に深く入っていくと、このヨーロッパ人の語った内容は、どうしようもない内容だったのです。誤解から別の誤解へとつながっていくような話でした。そこで語られたすべては、現代の西洋人の理解力をはるかに超えた内容だったとしか言いようがありません。

私たちが今必要としているのは、精神史上のどんな頂点をも理解しようと努めることでなければなりません。このことを踏まえて言うなら、私たちは一方で、バガヴァッド・ギーターへの道がどんなに難しくても、ある種の光をそこから受けとることができるはずですが、しかしその一方で、誤解が誤解を生じさせてしまうこともあります。取り返しようのない誤解さえをも、です。

東洋の人びとが、創造的な古代精神のいとなみであるヴェーダンタ哲学やサーンキヤ哲学の流れを仰ぎ見るのを、われわれ西洋の人間も理解しています。この東洋の流れは、西暦七世紀、八世紀のシャンカラチャリヤの中でひとつの頂点に達しました。

しかし事柄を深く洞察するなら、別の理解も必要になります。まだ仮説に留まり、まだ現実にはなっていない理解をです。

一度こう考えてみて下さい。ヴェーダ、ヴェーダンタそしてシャンカラチャリヤの哲学の中に生きているあの偉大な霊性の創始者だった人びとが、その天賦の才を失うことなく、現代に生まれ変わってきた、とするのです。そしてソロヴィヨフ、ヘーゲル、フィヒテのような人びとの霊性と出会ったとします。そうしたら、その人たちは何と言ったでしょうか。ヴェーダ哲学やシャンカラチャリヤの信奉者たちが何と言うかではなく、こういう創始者自身が何と言うか、です。今私はとんでもない背理を申し上げているのは承知していますが、そう申し上げるとき、私は次のようなショーペンハウアーの言表をふまえています。――

> 真理はこの世では常に背理《パラドックス》にならざるをえない。なぜなら真理は誤謬の玉座に居坐るわけにはいかないのだから。真理が時代の玉座に身を置くとき、その真理は時代の守護の天使に向き合っている。この天使がその偉大な、長大な翼を羽ばたかせると、個々の存在は、はね飛ばされて、死んでしまう。だからわれわれは、真理が背理であるかのように響かざるをえないとき、たじろいでいてはならない。背理であるからこそ、真理なのだから。

ヴェーダの詩人たち、サーンキヤ哲学の創始者たち、またはシャンカラチャリヤ自身が一九世紀に甦って、ソロヴィヨフ、ヘーゲル、フィヒテの著作を読んだとしたら、その人たちはみんな次のように言ったでしょう――「当時、われわれが努力した事柄、われわれの見霊力によって表現しようと努力した事柄、その同じ事柄が一九世紀になって、ソロヴィヨフ、ヘーゲル、フィヒテたちの霊性によって再現された。われわれは見霊上の高みへ登っていかなければならなかった。当時、われわれは、ヘーゲル、フィヒテ、ソロヴィヨフらの魂によって当然のように達成された事柄を、あの世の現実の中に見ていた」。

背理なのですが、真実なのです！　このことは特定の西洋人にとって、背理のように聞こえます。その西洋人たちは素朴な無意識の中で東洋諸国を眺め、自分をその横に置いて、西洋で起こっている事柄を判断しているのです。だから、特殊でグロテスクなイメージが生じてしまいます。私たちはヴェーダの詩人たち、サーンキヤ哲学の創始者たち、さらにはシャンカラチャリヤ自身を考察の対象にしますが、その一方で、熱狂してフィヒテその他の思想家たちを見上げます。そういうとき、私たちが考えるのは、別の多くの人たちのことです。この人たちは、ヨーロッパ精神の精髄のことなど考えようとしないで、シャンカラチャリヤやその先行者たちに平身低頭しています。ヘーゲル、フィヒテ、ソロヴィエフその他の成果には眼もくれずに。

これはグロテスクな光景ですが、時代の真実を見事に映し出しています。どうしてそうなったのでしょうか。私たちが歴史上の諸事実を考察していくと、どうしてもこのような仮説を立てて考えざるをえなくなります。どうしてでしょうか。

私たちが人類の進化過程を考察しますと、バガヴァッド・ギーターの霊的源流の時代に眼を向けざるをえなくなります。そしてその時代の人間を、その時代の人びとの魂の在りようを、以下のように思い描かざるをえないのです。――こんにちの人間がさまざまな仕方で体験する夢意識、魂の内容を映像として浮かび上がらせているもの、それがその時代の人間の場合、当然の日常の心の働きだった、と。

ですから、その時代の通常の意識を、「夢意識」と呼ぶことさえできます。もっと正確に言えば、夢のような意識、夢のような形象意識、すなわち古い月紀の人の意識とはまったく違った、進化した形象意識です。それは、下降する進化過程の中にいる現在の魂の大元である、かつての魂の在りようです。

こんにちの私たちにはまったく覆い隠されてしまっている睡眠意識が、かつては存在していました。そして古い時代、そこから夢のように霊感が現れました。この霊感意識は、私たちの意識の分野の場合、睡眠中覆い隠されています。しかし、この古い時代の人びとの場合は、通常の（覚醒時の）形象意識の中に姿を現わしていました。とはいえ、私たちの夢意識よりもやや稀にではありましたが。あの古い時代の意識の在りようは、それとは別の仕方でも、現在の意識の在りようと違っていました。

　こんにちの私たちの夢意識は、通常は、日常生活の残滓となって現れます。しかし、あの古い時代における夢意識は、高次の世界を映し出していました。高次の霊界がそのつど開示されました。しかしその後、意識のレヴェルがどんどん下がっていきました。

　こんにちの私たちがオカルト上の進歩のために行うような修行は、古い時代の人びとが行う修行と、何かまったく違ったものを求めています。こんにちオカルト上の進歩を求めて努力するときの私たちは、自分が日常意識とは異なる方向へ向かっていくと思っています。つまり高次の夢意識へ向かおうとします。

　この古い時代の人びとも上へ向かおうとしていましたが、こんにちの人びとの求める夢意識は、その人たちにとっては、日常意識だったのです。ですから、そこからさらに上へ向かおうとしました。一体そうすることで、どこに到ったのでしょうか。あらゆる努力を通して当時の人びとは、私たちが努力しているのとはまったく違う何かを達成しようとしていました。私が私たちの時代のために書こうと試みた『いかにして超感覚的世界の認識を獲得するか』を、もし誰かが当時の人たちに提示したなら、この人たちはこの本をどう扱ったらいいか、まったく分からなかったでしょう。こんな本は、当時だったら、愚作でしかなかったでしょう。この本は、こんにちの人にとってしか意味がありません。当時の人たちがヨーガやサーンキヤで修行したすべては、高みへ達する目的をもっていましたが、その同じ高みを、こんにちの私たちは、ソロヴィヨフ、ヘーゲル、フィヒテのもっとも深い業績の中にもっています。すべては存在を理念的に把握することを目指していました。ですから、事柄の本質を洞察する人なら、そして感情、表現、気分または時代色を無視するなら、ソロヴィヨフ、ヘーゲル、フィヒテとヴェーダンタ哲学との間に本質的な相違を見出すことはないはずです。ただ、ヴェーダンタ哲学は、当時の人びとの努力目標でしたが、こんにちではその目標が日常意識のために、地に堕《お》ちてしまっているのです。

　この私たちの魂の状況は、次のような仕方で述べることができます。――インド人の場合にまだ見霊的に光輝いていたものが、私たちの場合は覆い隠されて、睡眠意識になってしまっています。私たちが求めているものは、あの古い時代には、未来の闇の中にありました。私たちの意味で性格づけるなら、それは霊視認識です。完全に意識化され、自我に浸透された形象意識、つまり『いかにして超感覚的世界の認識を獲得するか』の中で私が述べた完全に意識された霊視です。

この言い方は、今のところ、単なる抽象論に留まっていますが、しかしすべての抽象の中には、それ以上に大切な内容が含まれているのです。というのは、こんにちの人間が一所懸命に魂の力を働かせるならば、バガヴァッド・ギーター時代の人間が力をふりしぼって努力していた事柄が、路上に見出せるのですから。このことは本当に路上に見出せるのです。もちろん、ソロヴィヨフ、フィヒテ、ヘーゲルのような人にとってではありますけれど。

このことは路上に見出せるのです。けれどもさらに別のこともそこに見出せます。こんにち路上で見出せるものは、当時はサーンキヤの鋭利な感覚やヨーガの深化されたすべてを活用することで達成されました。魂のすべてを傾け、心情のすべてを働かせることによってです。

ですから今、皆さんも理解して下さると思いますが、例えば、ある山の頂に立つ家に住んで、すばらしい展望を日々見ている人と、そのような展望を眼にしたことのない人、そういう展望を得るには力の限り谷から山頂へ登っていかなければならない人とでは、立ち位置がまったく違うのです。

　毎日すばらしい展望を眼にしている人は、そのことに慣れています。シャンカラチャリヤやヴェーダ詩人やその後継者たちの果たした業績とヘーゲル、フィヒテが果たした業績との相違は、概念内容の相違、内容上の相違ではなく、シャンカラチャリヤの先行者たちが頂上を目指して登行していたこと、そしてその人たちの鋭い感覚、サーンキヤ的鋭い感覚、そのヨーガの深まりがその人たちをそこへ導いた、ということの相違なのです。

　魂のこの作業、この克服の中に、体験が働いています。そしてこの体験が大切なのです。内容が大切なのではありません。このことは極めて重要です。このことは或る点では私たちに大きな慰めを与えてくれるのです。

　実際、ヨーロッパ人は、路上に見出せるものには注意を向けません。ヨーロッパ人はヴェーダンタ哲学、サーンキヤ哲学の中にあるような形式の中でそれを受けとりたいのです。なぜならヨーロッパ人は、無意識であっても、そこへ導く努力を尊重しているからです。これが問題の中の個人的な部分です。

始めから特定の立場（Ort）に立って内容を検討するのか、それとも魂を集中させてそこへ到るのか、そこには違いがあります。どんな仕方で内容に到るのか、そのこと次第で大きな相違が出てきます。なぜなら事柄に生命を与えるのは、魂の働きによるのですから。このことを踏まえて考えるのでなければなりません。

こんにちでは路上に誰でも見出せます。とはいえ、当時そうすることができたのは、シャンカラチャリヤやヨーガの修行をやりとげたような人たちだけでした。

私たちの場合は、抽象的な註釈など必要ではありません。ただ当時を生きいきと感じとれるように、自分の心を切り変えさえすればいいのです。しかしそのときの私たちは、次のことをも理解し始めます。現在は、理念を外的に表現することができる。しかし当時の人間の場合、私たちとはまったく違った仕方で体験されていたということを、です。

学校で学んだような、ペダンティックな、抽象的な註釈を与えるのが目的なのではありません。そうではなく、バガヴァッド・ギーターの時代の感情、感性がこんにちとはまったく違った在り方をしていたことを知ることが大切なのです。外から文献学的に研究するのではなく、バガヴァッド・ギーターの時代の心情を実感しようとするのです。
世界を理論的に把握することは、図式的に言えば、こんにちでは下位に置かれています。当時は上位に置かれていました。それにもかかわらず、表現形式は違っていても、思想内容は同じなのです。抽象的な思想内容に留まろうとする人は、理解するのはまったく容易だ、と思うでしょう。

しかし体験内容を追体験しようとする人は、容易だとは思えません。道を共に歩み、共に感じ合おうと努めなければならないでしょうから。［＊状況瞑想のこと］

この古代の道の途上で初めて、こんにちの私たちにとっては簡単すぎるくらい簡単に理解できるあの三つの概念、サットヴァ、ラジャス、タマスが生じたのです。この三つは概念として、バガヴァッド・ギーターの中で、非常に重要な意味を持っています。私たちはそのことにまったく価値を置いていませんけれども。

この三つのコトバの中には、一体何があるのでしょうか。これらのコトバから感じとれるものを生きいきと共感するのでなければ、バガヴァッド・ギーターの特に後半部は、一行も辿ることができません。高次の段階において、これら三つのコトバに感情移入できないということは、ある書物を、そこに使われている言語をまったく知らずに読もうとするようなものです。ある単語を註釈によって理解することが大事なのではなく、言語を学ぶことが大事なのと同じです。

この場合も、サットヴァ、ラジャス、タマスというコトバを、学術的に註釈を加えて読み解くことが大事なのではありません。これらのコトバには、バガヴァッド・ギーターの時代の感性が示されているのです。このことが大切なのです。いわば世界の諸現象を理解させてくれる道が示されているのですから。

この道を性格づけようとするのでしたら、先程述べた思想家たち、つまりソロヴィヨフ、ヘーゲル、フィヒテの場合には見られませんが、硬直化したヨーロッパの抽象的思考の中に現れている多くのものから自由になっていなければなりません。

サットヴァ、ラジャス、タマスというコトバが意味しているのは、世界存在（Welten-dasein）のさまざまな状況の中に入って生きるときの在りようです。この世界存在の多様極まる分野で生きるための在り方です。古代インド人の感性を土台にしたとしても、このコトバを合理的に解釈しようとすると、抽象的になってしまい、間違えてしまいます。ですからできるだけ、私たち自身の生活経験をふまえるのです。これらのコトバのもっている色合いを、私たち自身の体験をふまえて、自由に感じとるほうがいいのです。

私たちの周囲に今存在している自然の三分野、鉱物界、植物界、動物界に関わるときの在り方を見てみましょう。三つの自然界に関わるときの人間の認識態度はそのつど異なります。私は一つひとつのコトバの意味を完全に分かろうとはしません。むしろそのつど、自然対象に近づこうとします。鉱物界に対しては、思考によって鉱物界の法則を知ろうとしますが、それによって、いわば鉱物界と共に生きるのです。この理解の仕方を、バガヴァッド・ギーターの時代には、鉱物界のサットヴァ的理解と呼びました。ですから鉱物界の理解は、私にとってサットヴァ的理解であるといえます。

こんにちの私たちにとって、植物界の場合はすでに違っています。その場合には、いつも跳ね返されてしまいます。こんにちの理解の仕方では、生命の領域に入っていけないからです。

こんにちの私たちの認識の在り方からすれば、自然界のすべてを物理・化学的に研究し、分析して、理解に達するのを理想としています。空想家たちは、こんにちでも、任意に好きなだけ外的なカタチを取り上げ、生体の過程を観察することで、生命の理念に近づけると思っています。しかし、これは妄想でしかありません。人間の認識力では、植物界を対象にして、生命そのものにまで達することはできません。鉱物界におけるような仕方で植物界に達することはできません。こんにちの人間は、植物界のイノチをただ眺めることしかできないのです。

ただ眺めるだけで、知性で関わることができない場合、それはラジャス的な理解です。

動物に向き合うときは、さらに事態は変化します。動物の意識形態は、植物のイノチよりも遙かに人間の理解範囲を超えていますし、動物のイノチの営みも、認識の対象にはなりえません。現代人の理解、その科学的認識は、動物の本性に関してタマス状態にあるのです。

人間の理解力に関する、サットヴァ、ラジャス、タマスというコトバには、別の意味づけも必要です。こんにちの人間の場合とは違う理解の仕方があるからです。もちろんその際には、概念化することだけでは済まされません。別の理解がなければなりません。

生きものの活動の仕方は、科学的認識に終始する限り、決して理解には到りません。たとえば眠りは、人間と動物とでは同じではありません。眠りを定義づけるのは、ひげそりに使ったり、鉛筆けずりに使ったりする小刀を、肉を切るのに使う小刀と同じ小刀だ、ということで済ませるようなものなのです。

しかし定義づけで済ませるのではなく、別の側面からタマス、ラジャス、サットヴァという三つの概念を使うなら、私たちの日常生活を別の側面から理解することができます。

人間はさまざまな動物、植物、鉱物を食物として摂取することができます。そのさまざまな養分は、もちろんさまざまな仕方で私たちの生体に作用しますから、この作用からも、タマス、ラジャス、サットヴァが区別できます。――植物を食するのは、サットヴァ状態においてですが、その植物を理解しようとするときの状態は、ラジャス状態です。

養分としての植物の摂取はサットヴァ状態ですが、鉱物の摂取、塩その他の摂取は、ラジャス状態です。そして肉食がもたらすのは、タマス状態です。

抽象的な定義づけから始めるときは、この三つの状態の関連が見てとれません。私たちは概念を固定せずに動的な状態を保たなければなりません。でも、肉食を勧めて、皆さんにショックを与えるつもりはありませんから、すぐに別の分野を取り上げますが、そこでは事情が再び違ってきます。

誰かが通常の科学によってではなく、われわれの時代に応じた見霊体験によって外界に向き合うとします。見霊状態にあって、周囲の世界の諸現象、諸事実を自分の見霊意識の中に取り込むとします。そのときにもサットヴァ、ラジャス、タマスの状態が現われているはずです。人間の魂が見霊認識に到るときにも純粋な見霊体験に応じたものは、タマス状態を呼び起こします。

タマス状態は、純化された――道徳的な意味での浄化ではなく――見霊によって呼び起こされます。こんにちの私たちが努力して獲得すべき見霊をもって、霊的な諸事象を外に見てとろうとする人は、その見霊行為を通してタマス状態に到るに違いありません。

そして今、自分の見霊認識を忘れて、通常の認識に立ち戻るとき、サットヴァ状態に戻ります。

サットヴァ状態は、私たちのこんにちの時代においては、日常的な認識状態なのです。そして信仰という権威を打ち立てる行為における人は、ラジャス状態にあります。

通常の環境世界での認識行為はサットヴァ状態を生じさせ、信仰、権威の確立、信仰告白は、ラジャス状態を生じさせるのです。

私たちの見るところでは、自分の生体の欲求が肉食を求めていても、肉が自分をタマス状態へ巻き込む、というような恐れをもつ必要はまったくありません。どんな精神状態にあっても、肉食を求める人はいると思います。

タマス状態とは、どんな状態のことなのでしょうか。タマス状態とは、どんな外的事情からも魂が解放された状態のことです。霊を光と呼ぶときのタマス状態は、光のない、闇の状態ですが、私たちの生体がおのずと霊に充たされている限り、私たちはサットヴァ状態にあり、この状態における私たちの外界認識もまた、サットヴァ状態にあります。

眠っているときの私たちはタマス状態にありますが、この状態になるのは、私たちの霊が肉体から離れて、その霊が私たちを取り巻く高次の霊性の中に入っていくときです。私たちが高次の世界に参入しようとするのでしたら、――福音書が述べているように、人間の闇を、つまりタマス状態における人間本性をふまえなければなりません。しかし人間は、タマスではなく、サットヴァの状態にいるので、福音記者はこう述べます――「光は闇の中に輝く。しかし闇はそのことを知らずにいる」。意訳すればこうなります――「そして高次の光が人間に働きかけた。しかし人間はおのずからサットヴァに満たされていたので、わざわざそのサットヴァを外へ追いやったりはしなかった。だから高次の光は、入ってくることができなかった。高次の光は闇の中でしか、輝くことができないのだから」。

　こういう関係にあるので、サットヴァ、ラジャス、タマスのような生きた概念を知ろうとするときは、概念の意味が、状況次第で、絶えず反転するのです。だから、こういう状態を絶対的なものと受けとってはなりません。世界を正しく把握するのでしたら、絶対的に深いもの、絶対的に高いものなど存在しないこと、相対的な意味においてのみ存在していることを知らなければなりません。

　ヨーロッパの或る学者がこのことに不快感を表したことがあります。この学者は自分でタマスを「闇」と訳しました。彼が不快感を表したのは、別の誰かがサットヴァを「光」と訳したからでした。この学者は今、サットヴァを「善」と訳しています。

　こういう場合に誤解が生じてしまう理由が見えてきます。実際、人がタマス状態にあるとき――そのときが睡眠状態なのか、それとも見霊体験の中にあるのかは問いません。ただタマス状態にある二つの場合を例にあげただけですが――、そのとき人は、実際外なるものに関して闇の中にいます。ですから古代のインド文化は正しかったのです。サットヴァというコトバの代わりに「光」のようなコトバを使うことはありえませんでした。

いつでもタマスを「闇」とは訳せますけれども、外なる世界との関連で使われるサットヴァ状態は、いつでも「光」と訳すわけにはいきません。もしも光の働きを示すのでしたら、サーンキヤ哲学の意味での明るい色、赤、橙、黄をサットヴァ色と呼ぶことができます。

この意味では、緑はラジャス色ですし、青、藍《あい》、紫はタマス色と呼ばなければなりません。以上はまったく正当な用法です。光の作用、明るい現れ方は一般にサットヴァ現象ですし、人間の善悪も愛情の働きもまた、サットヴァ現象です。

光はサットヴァ概念に属しますが、この概念の範囲はそこに留まりません。光という概念は本来、サットヴァ概念と同じではありません。ですからサットヴァを「光」と訳すのは間違いです。けれどもタマスを「闇」と訳すのは、十分に可能です。しかし「光」がサットヴァ概念といつでも一致しない、と言い切るのも正しい言い方とは言えません。

しかし別の学者が、多分事柄をよくわきまえている誰かに与える非難もまた、正当とはいえません。単純な理由からです。例えば誰かが「ここにライオンがいる」、と言ったとしても、誰も、「そうではない、ここにいるのは肉食獣だ」とは言い返せないでしょう。

両方とも正しいのです。両方とも核心をついています。「ここにライオンがいる」、というのはまったく正しいのですが、「眼の前に肉食獣がいる」、というのも同じように正しいのです。誰かが外の現象に関して、サットヴァを光り輝くものに数え入れるのは正しいのですが、光だけに「サットヴァ」というコトバを使うのは間違いです。サットヴァは光よりも上位の概念です。肉食獣がライオンよりも上位の概念であるように、です。闇について同じことが言えないのは、タマス状態の場合、ラジャス、サットヴァの状態として特殊化される他の状態よりも、より一般的な状態を示しているからです。

羊とライオンは二つのまったく違った存在です。もし私がこの二つをサットヴァ性質との関連で特徴づけようとするなら、つまり自然にそなわった力強い霊的な働きがどのように羊とライオンの中に存在しているかを示そうとするなら、私はこの二つの動物を非常に違ったものとして特徴づけなければなりません。

　しかし私がタマス状態を特徴づけようとするなら、その相違は問題になりません。なぜならタマス状態は、羊やライオンがゆったりと寝そべっているときに、ただそこに存在しているだけなのですから。

　サットヴァ状態における羊とライオンは、まったく違った存在です。しかしライオンと羊の寝そべった状態は、同じ状態でしかありません。

概念を具体的に見てとるときには、まったく違うものにならざるをえません。

　いつも感情のニュアンスを伴う、この三つの概念は、サーンキヤの中のもっとも輝かしい概念に属します。クリシュナはアルジュナに、自己意識的な時代の創始者として、サットヴァ、ラジャス、タマスの三概念がもたらす感情の基調に貫かれた言葉で語るのですが、この三つの概念について、そしてバガヴァッド・ギーターの中で頂点に導いてくれるものについて、最終回になる次の講義の中で、もっと詳しくお話しするつもりです。

第九講

一九一三年六月五日

バガヴァッド・ギーターの終りの部分は、サットヴァ、ラジャス、タマスという三つの作用に浸透された感覚、感情が描かれています。そこに登場する事柄は、ラジャス、サットヴァ、タマスの理念の意味で把握されています。先回の講義で私は、現代の諸事件、諸事情をふまえて、この三つの重要な概念を述べようとしました。

バガヴァッド・ギーターを手にして、そこに述べられているすべてに沈潜しようとする人は、もちろん、バガヴァッド・ギーターが作られた時代以来、概念の意味が変わっていったことをふまえる必要があります。バガヴァッド・ギーターを言葉通りに翻訳して、サットヴァ、ラジャス、タマスという概念を性格づけることは、正しくないでしょう。それは単純な理由からですが、私たちの感性が当時とは違ってしまっているのです。私たちは当時とはまったく違った感性をもっています。ですから、ギーターの特徴を当時の言葉で述べたとしても、未知なるものを未知なるものによって特徴づけることになってしまいます。

例えばギーターの場合、食の問題に関して、昨日私が述べた概念で説明すると、少し意味がずれてしまいます。というのは、現代人にとっての菜食のすべてが、当時のインド人にとっては、クリシュナが「口当たりの柔かい食物」と呼んだものに当てはまるからです。一方、現代人の言う「無機質の食物」、例えば塩は、ラジャス質の食物です。その食物を、バガヴァッド・ギーター時代のインド人は、すっぱいとか、辛いとかとも呼びました。そしてタマス質の食物とは、私たちにとっての肉食のことです。インド人にとってこの言葉（タマス質）は、古くなった食物、腐った食物、いやなにおいのする食物のことを意味していました。

私たち現代人にとって、こういうものをタマス質だとは言えません。なぜなら人体組織は、肉体にいたるまで変化してきたのですから。

ですからサットヴァ、ラジャス、タマスというバガヴァッド・ギーターの基本的な感じ方を、私たちの時代の事情をふまえて、理解し直さなければなりません。本来サットヴァとは何かを考えるとき、まずサットヴァを明白な概念にしなければなりません。その場合、われわれの時代において、鉱物界を認識するときのように深く関わっていけるような認識に集中する人は、サットヴァ人間になっています。

インド人の場合のサットヴァ人間は、こういう認識の仕方のできる人ではなく、通常の意味で賢く、頭と心で世を渡っていく人のことです。つまり世界の諸現象を、とらわれず、偏見なしに受けとる人、そのようにしてこの世を生き、この世の一切の美や壮麗さに由来するものを受容する人、この世の一切の醜さから離れている人、そのようにしてこの世を生きる人は、サットヴァ人間です。例えば、無生物の世界でのサットヴァの印象は、ギラギラした色ではなく、まともな明暗の中で、個々の色が鮮やかに引き立つような場合の印象です。そういう表面がサットヴァ的な印象を与えてくれるのです。

ラジャスの印象はこうです。その場合は、自分の情緒や衝動によって、もしくは事柄そのものによって、事柄の中に完全に没頭することが妨げられています。自分と対象とがそれによって対立してしまい、印象に没頭できないような場合です。例えば、植物を眼の前にするとき、植物をすてきだ、と思うだけで済ませてしまうと、自分の気分、情感を植物に向けただけで、植物界そのものの中にまでは入っていけません。

タマスの場合は、自分の身体生活にまったく依存していますから、周囲のものには鈍感で冷淡です。この地上での私たちが他の人の意識に対してそうであるように。私たちはこの地上に留まっている限り、犬や馬の意識のことをまったく知らずにいます。別の人の意識のことも、まったく知らずにいます。地上の人間は、一般に鈍感です。いわば自分のからだの中に引きこもって、タマスの印象の中に留まっているのです。

霊界を体験できるようになるために、人間は物質界に対して次第に鈍感になっていかなければなりません。その意味でサットヴァ、ラジャス、タマスという三つの概念は、霊界を体験するのに最高に有益な概念だといえます。

外なる自然の中での色のラジャス的な印象は、比較的明るい表面の印象についても言えます。明るい色というのではなく、緑がかった、一様に緑がかった中での微妙な差異です。

暗い色の暗い面は、タマスの印象といえます。宇宙空間の極端に暗黒な空を見上げるときも、天空の何にも妨げられぬ広がりに眼を向けるときも、ほとんど同じタマス的印象を持ちます。こういう色の理念的ともいえる知覚体験を深めていくとき、私たちはこの三つの概念を環境のすべての分野に適用することができます。

実際、この三つの概念は包括的です。そしてこのことは、バガヴァッド・ギーターの時代のインド人にとって、外界そのものの理解のためばかりでなく、人間の内なる核心を活性化することでもあったのです。環境のサットヴァ性、ラジャス性、タマス性を知ることによってです。

インド人はほぼ次のように感じていました。このことを私はひとつの比較によって説明しようと思います。

田舎から出てきた素朴な人物が周囲に自然の美しさを眺めています。朝焼けの空、太陽や星々の輝き、それらを眼にしても、そのことに思考をめぐらせることはありません。その人を取り巻くすべてとこの上なく内密な関係にあっても、そのことを概念化せずに、ただその状況を生きています。

そういう人が自分の魂と自分を取り巻く世界とを区別し始め、自分を固有の存在であると感じ始めるには、環境を概念化して、理解の対象にすることができなければなりません。ですから自分を環境から引き離せなければなりません。

環境を客観化するためには、現実存在としての自分自身を知らなければなりません。

バガヴァッド・ギーター時代のインド人は、こう語りました――「環境のサットヴァ状態、ラジャス状態、タマス状態を洞察しない限り、人はまだ環境の中を生きているだけで、自分自身の存在を独立させていない。環境と結びついてはいても、自分を固有の存在だと認識していない。けれども、環境が客観的に把握されるなら、それをさらに対象化して、これは環境のサットヴァ状態だ、これはラジャス状態だ、これはタマス状態だ、と理解する。そのとき人は、環境からますます自由になり、独立するようになっていく」。

ですから、これら三つの状態を知るということは、一切の外的な自然、霊的、魂的な存在の外にある一切のものから独立するための手段でした。私たちを取り巻くすべての中にサットヴァとラジャスとタマスを把握することは、自己意識の状態を確保するための手段だったのです。

そして基本的に、当時のアルジュナを取り巻いている環境からアルジュナの魂を独立させ、解放するのが、クリシュナの課題でした。

クリシュナはこう語ります――「周囲の状況をよく見てごらん。血で血を洗うこの血なまぐさい戦場で、兄弟と兄弟が対峙している。そこに生きて働いているすべてをよく見てごらん。お前はそのすべてと結びついている。そこがお前の生きる場所だ。そこのすべては、サットヴァ状態、ラジャス状態、タマス状態で生きている。しかしお前の高次の自己は、そこに結びついてはいない。お前はそこから引き離され、そこから区別されている。だからこそお前は、今そのすべてから引き離されたお前の本性と出会っている。お前は今、お前の中の霊を体験しているのだ」。

私たちは始めに、サットヴァ、ラジャス、タマスといういわば抽象的な概念に出会いますが、それらの概念は、ますます生きいきと生命化されます。さまざまな領域が、サットヴァ、ラジャス、タマスの概念を用いて、生命化されます。そしてさらに、アルジュナの魂の自立化をも、いわば私たちの霊眼の前で描いてくれます。そのことは、ギーターの構成美を見事に示してくれているのです。

そのようにしてクリシュナは、アルジュナに大切な教えを語ります――

「この三つの状態の中で進行していくすべてから、自由にならなければならない。いつもは人びとが呑み込まれ、取り込まれているすべてから、自由にならなければならない。

サットヴァ人間というものを考えてごらん。この人たちは、この世に深く結びついていて、幸福をもたらしてくれるものをこの世から取り出そうとしている。このサットヴァ人間は、世の中を渡り歩いて、自分に祝福を与えてくれるものなら、どんなものからも祝福を受けとろうとする。

ラジャス人間も勤勉だし、行動的だが、その人が行動するのは、その行動が特定の成果を期待できるからなのだ。この人たちは行動の結果に依存している。何かをすることは好きだが、行動の与える印象に依存して生きている。

そしてタマス人間はいい加減で、ご都合主義者で、無精だ。もともと何もする気がない。

人間はこの三つに区別される。自分の霊と魂を外的な事情に結びつけて生きている人たちは、この三つのグループのどれかに属している。しかしお前は、自己意識の始まる時代を眼の前にしている。お前は自分の魂を独立させなければならない。お前はサットヴァ人間でも、ラジャス人間でも、タマス人間でもあってはならないのだ。」

以上の立場に立つことで、バガヴァッド・ギーターのクリシュナは、独立した人間自我の偉大な教師となっています。クリシュナはアルジュナに、自我が周囲の環境の三つの状態から自立していると教えますが、しかしまた、特定の魂の働きは、サットヴァ、ラジャス、タマスの三状態に従っている、ということも明らかにします。宇宙創造神を信仰するときの人間は、サットヴァ人間です。けれどもバガヴァッド・ギーターが成立した時代には、主導的な神霊存在のことをまったく知らず、いわゆる自然霊たちをもっぱら信仰する人たちもいました。それはラジャス人間です。自然霊にしか関わりをもたない人たちです。タマス人間は、物質界と隣合わせの、化け物のような存在にしか関われない人たちのことです。

ですから、宗教感情との関わりにおいても、人間はサットヴァ人間、ラジャス人間、タマス人間に分けられます。そして私たちの時代に関して言えば、神智学的に生きようとする人は、はっきり言わせていただくなら、サットヴァ人間です。もっぱら信仰に従って生きようとする人は、ラジャス人間です。

物質的にも、霊的にも、感覚対象だけを信じる人は、唯物主義者も交霊術師も、タマス人間です。心霊術師は霊的本性を信じようとするのではありません。特定の霊的存在を信じていますが、その存在たちのほうへ向かうのではなく、自分のほうへ降りてくるように求めます。霊的存在にトントン音をたててノックさせようとします。ノックしてくれれば、耳でそれを聞くことができるからです。光の雲の中に姿を現わすことを求めるのも、光の雲なら眼で見ることができるからです。つまり霊的ではなく、物質的な状況を用意するのです。こういう人たちの意識の在り方はタマス的です。クリシュナの時代の意味で、タマス人間です。

現代にも無意識のタマス人間がいます。唯物主義的な思想家です。この人たちは私たちの時代の霊的な在りようをすべて否定します。唯物主義の集まりでは、人びとは論理的に唯物主義を論証できる、と論じ合っています。しかし、それは幻想でしかありません。唯物主義者であるのは論理的な根拠からではなく、霊への恐怖からそうなのです。その人たちは霊への恐怖から霊を否定します。なぜなら、無意識の魂の論理が霊の否定を求めているのですから。魂は向上したいのですが、霊の門を通って行くことができないのです。それが霊への恐怖です。現実を見通すことができる、と信じている唯物主義者の集まりの中のどの唯物主義者の心の奥にも、霊への恐怖があるのです。

唯物主義は論理ではありません。霊に臆病なだけです。そして唯物主義者の説教は、この恐怖に蓋をするアヘン剤のようなものです。実際、どんな唯物主義者の肩にも、アーリマンが居坐っています。恐怖を生じさせるアーリマンがいるのです。これはグロテスクに聞こえても、まったく真実です。唯物主義者のどの集会にも認めることのできる真実なのです。

そういう集会は、そもそも何のための集まりでしょうか。世界観について語り合っているように見えるのは、マーヤー（幻影）です。本当はアーリマンを、悪魔を呼び出すための集まりです。アーリマンを自分たちの住まいに呼び寄せるための集まりなのです。

このことは宗教上の信条に関わる場合にも、神々に対する祈りに関わる態度の場合にも言えますが、そもそも人間の魂の在りようは、したがって神々に対する人間の態度は、はっきりとサットヴァ人間、ラジャス人間、タマス人間に分けて考えることができます。

タマス人間は、司祭としての職務上、いわば習慣的に「オーム、オーム、オーム」と繰り返していますが、心情は祈禱の分野でのタマス人間です。

ラジャス人間とは、環境世界に眼を向け、この環境世界が自分に属していると見做し、それだからこそ自分同様に大事にされなければならない、と思っている人のことです。そういうラジャス人間は、宇宙を自分同様に崇拝します。サットヴァ人間は、自分の内面に生きているものを自分たちを取り巻く周囲の世界とひとつである、と思っています。祈りの中で「サット」を、「万有」を体験しています。外と内の一致を、客体と主体がひとつであることを感じています。

しかし、本当に自由であろうとする人もいます。どんな場合にも、単にサットヴァ人間、ラジャス人間、タマス人間に留まりたくない人です。この三つの状態を自分で自由に変化させて、そのどれをも衣裳のように身につけ、そして自分本来の自己でその衣裳を自由に着たり、脱いだりしようとします。そういう人は、クリシュナの言う「自己意識の創造者」です。

クリシュナはアルジュナの前に立って、こう諭します――「世の中のすべての状況に眼を向けなさい。どんな高いところにも、低いところにも眼を向けなさい。でもサットヴァ、ラジャス、タマスのどの状態にもとらわれてはいけない。お前自身の中のお前自身を刺戟して、ラジャスにも、タマスにも、サットヴァにも拘束されないで生きていこう、と思いなさい」。

当時はこのことを学ぶ必要がありました。それは自分を自由にする朝焼けの始まりだったのです。

けれどもこの分野でも、当時は最高に緊張を強いられる事柄、こんにちは路上に見出せる事柄があります。そして路上で見出せるというのは、いろいろな意味でこんにちの生活の悲劇なのです。

こんにちの人びとの魂は、この世を生きるとき、あまりにもしばしば自分に固執していて、外界との結びつきを持てずにいます。だから感情的には孤独な魂になってしまい、タマスでもサットヴァでもラジャスでもないのに、そこから自由になっているのでもないまま絶望して、ただぐるぐる回転し続ける車輪のような状態にあるのです。

自分の中に閉じこもり、世の中のことがさっぱり分からず、不幸なままで、魂がすべての外的存在から切り離されている人、そのような人たちは、クリシュナがアルジュナやアルジュナの同時代のすべての人たちやその後継者たちのために配慮しなければならなかったあの果実の影の側面をあらわしています。

アルジュナにとっては最高の努力目標であったはずのものは、こんにちの多くの人にとって、この上ない苦悩の種になってしまいました。それくらい相前後する時代と時代が変わってしまいました。

ですから、こんにちの私たちはこう言わなければなりません――「われわれはバガヴァッド・ギーターの頃に始まった時代の終わりにいる」。そういうことでわれわれは、自分の感情生活にとって非常に大切なことを示しているのです。けれどもそれとともに、次のことをも示しています。―ちょうどバガヴァッド・ギーターの時代に自己意識を求めていた人たちが、アルジュナに語ったクリシュナの言葉を聴くべきであったように、こんにちの人たちは、この自己意識の時代の終わりにあって、自分の自己意識を病気になってしまうまでに強めてしまったのです。あらためて魂の救済を求めている人たちは、再びあの三つの外的状態の理解に導いてくれるものに耳を傾けようとしています。では一体、今の時代の何がこの外的な三つの状態を理解させてくれるでしょうか。

この問いに答えるには、いくつかの考え方を前提にしなければなりません。私たちはまずこう問いかけます――「一体クリシュナは、アルジュナにとって、そして自己中心の時代の中で外的状況に正しく向き合おうとする人間にとって、何ものであろうとしているのか。クリシュナは、すばらしい仕方で神々しいまでにこだわりなく、ありのままに何を語っているのか」。クリシュナは本当に、神々しいまでのこだわりのなさで、自分が何ものであろうとしているのか、を語ってくれます。

クリシュナの時代から現在の私たちの時代まで、いったい人間はどのような魂をもつことができるようになったのでしょうか。私たちの述べたことをふり返るなら、形象による意識が魂を明るくしてくれました。こんにちの自己意識は、はじめその上を漂っていました。その自己意識を、当時の人たちは努力して手に入れなければなりませんでしたが、こんにちでは、自己意識は路上にいくらでも見出せます。

クリシュナが新しい時代を導き入れる以前、魂はどんな状態にあったのでしょうか。人びとの魂は、形象意識の中で生きていました。ですから、宇宙は人びとの魂の中に、明瞭な概念や理念を生じさせたのではなく、こんにちの夢のイメージのような形象を生じさせたのです。

特定の形象意識が魂のいとなみの中で最下位の層をなしていました。その層が上位に位置する睡眠意識の層から、霊聴によって照らし出されました。魂はこのような状態にありました。そして時に応じて、別の状態に高まりました。そしてこの高まりは——当時の概念を使えば——ブラフマの下に生きる、と呼ばれました。

こんにちでしたら、ブラフマの下に生きるべきだと言われても、西方諸国の人びとにとっては、時代錯誤であり、ナンセンスでしかありません。同じことを人間で譬《たと》えるなら、山の中腹まで来た人に、まだ谷底にいる人と同じように登って来いと言うようなものです。こんにち西洋の魂をもった人に東洋の修行をさせて、ブラフマの下に生きるように求めるようなものです。それに応じるのであれば、こんにちでも或る種の東洋人が持っている形象意識の立場に立つのでなければなりません。

西洋の人間は、バガヴァッド・ギーター時代の人びとがブラフマへの高まりに際して持つことのできた感情を、すでに概念、理念として持っています。

もしもシャンカラがソロヴィヨフ、ヘーゲル、フィヒテの理念世界をブラフマへの道の発端として弟子たちに伝えることがありえたとするなら、それは内容としてではなく、道の険しさの問題として、です。それならまったくありえます。私たちは何をおいても、ブラフマへの道を辿る魂たちの中に心を移さなければなりません。

クリシュナは、このことを非常に見事に特徴づけています。この登頂の主要な特徴を述べることによって、です。バガヴァッド・ギーターの時代の魂を理解しようとするなら、私たちは自分とはまったく異なる霊的、魂的な在りようを理解しなければなりません。その魂の場合、すべてが受け身です。形象世界の中に身を置くのです。すべてが流動する形象世界にさらされるのです。

　そのことと、それとはまったく違う私たちの日常の世界とを比較してみて下さい。私たちの場合、理解するのに帰依は何の助けにもなりません。もちろん過去に留まり続けたい人はいくらでもいます。その人たちは私たちの時代に生じなければならないところにまで辿りつくつもりはありません。しかし、私たちの時代のためにどうしても必要なことがあるのです。すなわち、環境世界についての概念、理念を獲得することです。そのために積極的に働かなければなりません。このことが欠けているのは、まさに私たちの教育の不幸であり、惨めさです！

　私たちが子どもを教育するときは、環境世界についての概念を育てるのでなければなりません。こんにちは、バガヴァッド・ギーター成立以前の時代よりも、魂が能動的になっていなければなりません。ですから、こういう方式が成り立ちます。——

　バガヴァッド・ギーターの時代＝魂を受け身にしてブラフマへ高まる
　知的時代　つまり現代＝能動的な態度で、より高次の世界へ自らを高めるですから、宇宙を能動的に理解しようとする新しい時代を導き入れようとして、クリシュナはこう述べました――「わたしが来るのでなければならない。わたしが自我人間としてのお前に、能動的、活動的であるための能力を与えるのでなければならない」。

　これまで受動的に、世界に対してひたすら帰依の態度をとり続けてきたすべてが、ずっとそのままであり続けたなら、新しい時代を始めることはできなかった、というのです。バガヴァッド・ギーター以前の時代に魂が霊界に参入したときの態度を、クリシュナは「帰依《きえ》」と呼びました。

　すべてはブラフマへの帰依だったのです。このすべてをクリシュナは人間の中の女性的なものと較べて、人間の中の自己、自意識を生じさせる能動的なもの、来たるべき自意識の元になる内からの輝き、それをクリシュナは男性的なものと呼んでいます。

　しかし、人間がブラフマにまで達するには、クリシュナに促されなければなりません。クリシュナはアルジュナにそう語ります。そしてさらに、こう教えを垂れます――「これまで人間は誰でもブラフマの人だった。ブラフマとは全世界の母胎となって展開しているすべてのことだ。しかし、私は父である。母胎に子を宿すために、この世に来た父である。この父と母から生まれたのが自意識である。自意識は、すべての人の中で働き続けるために、すべての人のところに来なければならない」。

このことが実にはっきりと述べられています。クリシュナとブラフマは、父と母の関係となって、この世に働いているというのです。それによってクリシュナとブラフマは、人類進化のために人間が誰でも持たねばならない自意識をもたらすのです。人間はその自意識のおかげで、一人ひとり、ますますより完全な存在になっていくことができるようになりました。クリシュナ信仰とは、もっぱら個々の人間、個人に関わる事柄です。個々の人間が本来の人間にふさわしい存在になっていくための努力にほかなりません。

一体、どうしたらそのようなふさわしい存在になることができるでしょうか。それを可能にするためには、クリシュナの贈りものである自意識を、外的な諸状態の影響から洗い清めなければなりません。

どうぞ、クリシュナの教えの根本にあるものに眼を向けて下さい。外にある諸状態の中で生きている自意識をすべての「タット」から、つまりさまざまな生活状況から解放して、自己をより高次の完成へ導いていくのです。もっぱら自己だけを頼りにする、というのがクリシュナの教えの根本です。

一切の外的な事情から離れて、自分を自由に、ますます生きいきさせるのです。クリシュナの教えである自意識の育成は、人間が自分の環境から自由になり、外の事情にとらわれることなく、自己の完成だけを志すことによってのみ、可能になります。

クリシュナは、言い換えればクリシュナを通して働きかけていた霊的存在は、その後再びルカ伝のイエス少年、ダビデ家のナタン系のイエス少年となってこの世に現れました。ですから、このイエスの中には、外的現実から解放されたいと願う自立への衝動が働いていました。

クリシュナの中で生き、それからルカ伝のイエス少年の中で働いた霊的存在は、何をしようとしたのでしょうか。

この霊的存在は、一度人間の進化から離れて、その外に留まらなければなりませんでした。なぜなら、敵対者であるルツィフェルが現れたからです。ルツィフェルはこう言いました――「お前たちは眼を開かなければならない。そうすれば、善と悪を区別して、神のようになるであろう」。

古代インドの意味で、ルツィフェルは人間の前に現れ、そしてこう言いました。

――「お前たちは神々のようになるであろう。そしてサットヴァ、ラジャス、タマスの状態を世の中に見ることができるようになるであろう」。

ルツィフェルは人びとの眼を外の世界へ向けさせました。ですから、人間はルツィフェルの教唆を受けて、外の世界を知るようになりました。そして進化を通してキリストの時代にまで到りました。

そのとき、ルツィフェルの前から離れようとした人がクリシュナとルカ伝の少年イエスのところに来ました。そして一方では、楽園についてのルツィフェルの教えの正反対のことを教え、もう一方では、サットヴァとラジャスとタマスの状態を見る眼を開かせました。

もしも皆さんがサットヴァとラジャスとタマスの状態の前で眼を閉ざすなら、皆さんは自意識をもった人間としての自分を保っていられます。

こうして私たちのために、次のような霊姿内容が見えてきます。――一方では、パラダイスの霊姿内容です。そこではルツィフェルがサットヴァ、ラジャス、タマスの状態を見る眼を開かせます。そしてしばらくの間、ルツィフェルの敵は身を退けています。

次いで、人びとはひとつの進化を遂げます。この二つの段階にさらに自意識の別の教えが加わります。そしてサットヴァ、ラジャス、タマスの状態に眼を閉じなさい、と教えます。

この両者は共に一面的な教えです。もしもクリシュナ‐イエスの影響だけしかなかったなら、ルカ伝の少年イエスの中に生きていたものだけしかなかったなら、一面性が別の一面性になっただけに留まり、人間は自分を取り巻くすべてから分れてしまったでしょう。外部の進化にはいっさい関心を示さなくなったでしょう。そうしたら、それぞれの人が自分自身の完成だけを地上で求めたでしょう。

より完全になろうと努力することは正しいことです。しかし、人類全体に対して無関心になる、ということを代償にするのでしたら、一面的な態度になってしまいます。ルツィフェル的な態度が一面的であるように。

ですから、すべてを包摂するキリスト衝動が、二つの一面性の高次の綜合として生じました。ルカ伝のイエス少年の人格の中に、三年間キリスト衝動が生き続けました。この衝動は、この二つの一面性をひとつに結びつけるために人類の中に入ってきたのです。

この二つの一面性によって、人類は弱くなり、罪を犯すことになったでしょう。つまりルツィフェルによって、人類はサットヴァ、ラジャス、タマスという外的な状態、一面的な生活に組み込まれてしまったでしょう。人類はまた、クリシュナによって、別の一面性に教育されたでしょう。すなわち眼を閉じて、もっぱらみずからの完成のために努めたでしょう。

キリストは罪を自分で引き受け、二つの一面性を結び合わせました。キリストは外面に眼を閉ざすという自意識の罪深さを自分の中に引き受け、クリシュナの罪を犯そうとするすべての人の罪を自分で背負います。

キリストはまた、ルツィフェルの罪を自分の中に引き受け、一面的にサットヴァ、ラジャス、タマスだけに眼を向けることで犯してしまう人の罪を背負いました。キリストはこの二つの一面性を自分の中に引き受けることで、内なる世界と外なる世界の調和を再び見出す可能性を人びとに与えます。この調和の中にこそ、人間の救済が見出せるのですから。

しかし、一度始まってしまったら、どんな進化もすぐには止みません。クリシュナと共に始まった自意識への進化はさらに進み続け、外界からの疎外感をますます喚び起こしました。この進化は終わることなく、私たちの時代にまで続いています。クリシュナ衝動がルカ伝のイエス少年によって受け継がれた頃の人類は、まさにこの進化の真っ只中にありました。自意識はますます高まり、外界はますます疎外されていきました。

このことはヨルダン河でのヨハネの洗礼を受けた人びとが経験したことでもありました。その人びとが見たのは、自意識がますます強化されていくことでした。だから、その人たちは洗礼者ヨハネの言葉、「感覚を変えなさい。クリシュナの道だけを歩んでいてはならない」がよく納得できました。

ヨハネがそういうコトバを使わなかったとしても、当時始まった路線を、オカルト的な立場から言えば、「イエス路線」と呼ぶことができます。そしてこの単なるイエス路線は、その後何世紀もの間ますます続きました。実際、文化の領域は、キリスト教が始まってから何世紀もの間、イエスを元にいとなまれました。ヨハネの洗礼からゴルゴタの秘蹟までの三年間、イエスの中に留まっていたキリストを元にしたのではなかったのです。

しかしどんな進化の流れも、一定の緊張を伴っています。人間一人ひとりの成長、成熟を願う気持ちは、何らかの仕方で悲劇的な状況に陥ってしまい、ますます自然の、外界の聖なる部分から疎外されてしまいかねません。

こんにちの私たちは、さまざまな仕方で、環境からの疎外感という悲劇的状況を体験させられています。ですから、私たちの中の多くの魂が環境との縁を失って、さまよい歩いています。だからこそ、私たちの時代には、キリスト衝動を理解する必要があります。キリストの路線がイエスの路線に加わらなければなりません。自己完成への一面的な努力路線が支配的になりすぎたのですから。

人間がいろいろな面で聖なる環境からまったく離れた在り方を示すようになったのは、私たちの時代になってからのことです。ある方向に向かうと、たちまち緊張させられ、その反対のほうへの憧れが目覚めるので、私たちの時代の多くの魂たちは、現代人が高められた自意識から離れられない、と感じています。ですから逆に外界の聖なる在り方を知りたい、と願うようになりました。そう願う人たちはこんにち、人智学によって開示されたキリスト衝動のことを知りたいと思っています。このキリスト衝動は、一人ひとりの人間の魂の完成を求めるだけでなく、人類全体の完成を求めるのです。このキリスト衝動は、人類全体に関わる衝動なのです。

キリスト衝動を理解するとは、完成を求めるだけでなく、パウロの言葉「私ではなく、私の中のキリスト」に関わる事柄を受けとろうとすることです。「私」というのは、クリシュナの言葉ですが、「私ではなく、私の中のキリスト」はキリスト衝動の言葉です。

どんな人間精神の流れも、それぞれの正当性をもっています。クリシュナ衝動が存在しなくなるなどとは、誰も考えていません。けれども、ある人間精神の流れがその一面性にもかかわらず完全な正当性を持っていると考える必要もありません。二つとも一面的であるルツィフェルの流れとクリシュナの流れとは、高次の意味での両者の統一をキリストの流れの中に見るのでなければなりません。

人類のこれからの進化発展に必要な衝動を人智学的な意味で理解しようとする人は、すべての宗教に光を送ることのできる働きを見つけなければなりません。この連続講義の中でも私たちは人類の進化がどういう方向へ向かっていくのか、個々の思潮のそれぞれは、どのようにこの共通の進化の中に合流していくのかを示そうと試みました。

もし誰かがキリスト教の中に見出せるものをクリシュナ教の中にも見出そうとしたら、本質的な方向へは向かえないでしょう。そのことが分かれば、すべての宗教の中に同じものを見ようとすることに、どんな意味があるかが理解できます。

現在繰り返して、すべての宗教の中に同じ根本存在が含まれている、と主張されています。このことは、同じ根本存在が根にも、幹にも、葉にも、花にも、おしべにも、実《み》にも含まれている、と言うのと同じことです。そう言うのは間違っていませんが、その正しさは抽象的です。こう言うことと変わりはないのですから――「塩、胡椒、酢、ミルク、みんなテーブルの上にある。みんな同じ調味料なのだ。だからわざわざ区別する必要はない」。

こういうものの見方は抽象的で中途半端です。けれども宗教を比較するときには、その不十分さにすぐには気づきません。儒教、バラモン教、クリシュナ教、仏教、ペルシア教、イスラム教そしてキリスト教、これらを抽象的に比較してこう言うだけでは意味がありません――「これらすべてには、同じ原理がある。同じ救い主がおられる」。

抽象的な原理なら、どこにでも見出せます。でも中途半端ですから、不毛です。人は生活するために協会、結社を組織します。そしてさまざまな宗教を、まるで次のように言う人のような仕方で研究するのです――「テーブルの上にある胡椒、塩、酢、油は、みんな食事の調味料なのだから、みんな同じだ」。

しかし問題はそこにあるのではなく、問題は事柄の真実を、その現実を知ることにあるのです。オカルト上のディレッタンティズムに陥って、すべての宗教は同じだと熱弁をふるうような考察の仕方では、キリスト衝動が人類進化の中心点なのか、それともキリスト衝動は路上で出会うどんな人の中にも繰り返して現れてくるようなものなのかは、どうでもよくなってしまいます。

しかし真実を大切にする生き方にとって、ゴルゴタの秘蹟と結びついた、地球進化の中心点であるキリスト衝動を他の何かと混同することは、嫌悪の対象でしかありません。

今回のこの連続講義では、特別な例をあげて、現代の神秘学が人類の進化の過程で現れてきたさまざまな精神潮流に光を投げかけようといかに努めているかを示そうと試みました。それらの潮流はそれぞれ、当然不十分な点を持っています。しかしその不十分さは、植物の場合に、茎が葉と異なり、葉が花弁と異なるような違いを示しているにすぎません。そして、そのそれぞれが一緒になって初めて、ひとつの全体が生じるのです。

私たち一人ひとりの魂が真に現代的な神秘学によって、人類史上のさまざまな潮流の中に身を置こうと試みるとき、一つひとつの宗教のどれもがその偉大さ、崇高さを示していることが認識できます。

クリシュナの姿の中には、なんという崇高な偉大さが示されていることでしょうか。私たちが人類の進化を具体的に把握するために、この人類進化の中にクリシュナを置いて考察する場合にです。私たちの考察は素描的な、不完全なものでしたが、私は皆さんに、クリシュナ系の精神潮流を正しく考察するために、できる限りの努力をしました。私たちから遠く離れた精神の所産であるバガヴァッド・ギーターを取り上げて、西洋の人間がクリシュナから今もなお恩恵を受けていること、クリシュナが地上に存在してくれたおかげで、私たちがこんにちもなお彼の影響を受けていることを示そうと試みました。

私たちの人智学の立場は、どんな精神潮流の独自性にも愛情を込めて、まったく具体的に関わっていくことを求めていますが、それに応えるのは、決して容易なことではありません。なぜならすぐに思い知らされるように、私たちは本来、こういう深みへ入っていくことが苦手だからです。ですから、私たちは何度も何度も努力し続けなければならないのです。

未知の世界へ愛情をもって入っていくことと、何度も努力を繰り返すこと、それはいずれも容易なことではありません。

今私たちの立場は、多くの人の魂を――人智学の所為《せい》で――煩わしい目に遭わせています。人智学が世の中の出来事に真剣に、具体的に関与することを求めているからですが、それだけでなく、自分の心にこう言いきかせているからでもあります――「私は高次の事柄に関わることができる。私はそうしようとしている。しかし、私はいつもひとつの見解に達しただけで終わった。私はこれからもずっと頑張り続けなければならない。決して終わりはない」。

だから人智学を生活の中に生かそうとするなら、いつでも何らかの煩わしさを覚悟しなければなりません。聖なる秘密にますます深く関与することができるようになるためには、努力し続けなければなりません。努力し続けなければならないというのは、煩わしいことですが、でも私たちは煩わしくないようなものを呈することができませんでした。次のようなやり方はできなかったのです。――どこかに息子か娘になってくれる人を見つけて、「皆さん、待っていて下さい。この子の中には、人類を救済する力がそなわっています」、というようなやり方です。

そんなことは私たちにはできません。そんなことをしたら、真実ではなくなるからです。いずれにしても、事柄の本質を見通すなら、最近起きている事柄は、本質とは違い、生半可な比較宗教論の結論を示しているにすぎません。この宗教論は極めて安易な態度で、どんな宗教もみんな同じ内容を含んでいる、というこの上なく通俗的で、当り前のことを主張しているだけなのです。

ここ数週間、数ヶ月間、私たちが体験できたことは――そしてその間も皆さんの前でこのような重要なテーマでお話しさせていただいたのですが――、霊的な真実が探究されるとき、仲間の人たちが集まって来てくれるということでした。私たちにとって大切なのは、霊的な真実を共有すること以外にはありません。

私たちの多くが、もしくはみんなが参加しなくなるかどうかは、ここで私たちが霊的な真実を問題にするときの在り方とは無関係です。真実への聖なる義務がこの精神潮流、この連続講義をも可能にしてくれた精神潮流を導くのでなければなりません。そして、この潮流と共にあろうとする人は、今試練の前に立たされているのです。

もちろん、そうでないほうが安易です。しかし私たちの場合、真実であることだけに眼を向けようとします。そうでなければ、真実であるという義務にそむいてしまいます。

どんな宗教もみんな同じである、と人びとに伝えるほうがずっと容易です。予め決められた救世主、人びとが自分で認めるのではなく、権威によって認められる救世主が世に現れるときまで待っていなければならない、というほうがずっと容易です。

しかし現代では人間の魂そのものが決定するのでなければなりません。霊的な潮流に役立つために真実への努力をするかどうかを、です。

すでに一度私たちの時代に、はっきりした決断をしなければならないときがありました。それは会長である女性が、人類の進化における真実をひたすら守ろうとしていた人たちをイエズス会士であると呼ぶことで、みずからの正体をあらわしたときのことです。

分裂するというのは一番楽なやり方でしたが、それでは誰が見ても、間違っていることを自分たちの仕事としていたことが歴史上に記録されてしまいます。私たちが一面的な立場で仕事をしてきたのではないことは、この連続講義が皆さんにお示しできたと思います。今回の講義は、人類進化の本当にたったひとつの根本衝動を示すことができるように、現在と過去と過去の、さらに過去とを心にとめる、という課題をもっていました。

　ですから、ここでも皆さんに申し上げることができます。この連続講義を行わせていただけて、私自身この上ない充実感で満たされているということをです。ここにおられる皆さんがそうさせて下さったのです。皆さんが示して下さったのは、超感覚的な分野においても、ひたすら誠実に真理探究のために働こうとする傾向、衝動、意向をもつ人たちがいる、ということでした。

　私は以上の結びの言葉をこの連続講義の終わりに付け加えなければなりません。私たちを神智学協会から排除した時点に到るまでの時の経過の中で生じたことのすべてをふまえると、どうしてもそうせざるをえませんでした。私たちに加えられたすべて、そして今も数多くの小冊子で正反対の方向に歪曲されているすべてをふまえると、どうしてもこういう表現をしなければなりませんでした。こういう表現がいつも私には言いようもない苦痛を与えるとしてもです。いずれにせよ、私たちと一緒に働こうとする人たちは、ぜひ次のような私たちのモットーを知っていただきたいのです――「高次の諸世界を目指して、謙虚にそして誠実に、無条件の真理探究に努めよう」。

付　録

『バガヴァッド・ギーターの眼に見えぬ基盤』まとめの講義

高橋　巖

東京・吉祥寺にて

2019年 9 月 7 日・21日

改めてこの『バガヴァッド・ギーターの眼に見えぬ基盤』を第一講から読み直して、その内容のすごさに感動しました。たぶんシュタイナー自身の連続講義の中でも、特別な意味を持っている講義だと思うので、今一度、その重要な意味と、この講義が行われた第一次世界大戦直後のシュタイナーのメッセージを確認したいと思います。

第一講は導入部として、全体の流れをまとめて語ってくれているので、第一講だけを繰り返して読むだけで、いろいろ学ぶところが多いと思います。その中での一番の問題点は、二〇世紀、二一世紀の今と、バガヴァッド・ギーターの時代との共通点ですが、その共通点が逆の流れを示している、というのです。

シュタイナーによれば、ギーターの時代は、古代以来の霊的な伝統が文化の中に浸透しているので、眼に見えない世界、霊界が存在するということが問題なしに前提としうる時代だったが、しかし個人の自意識はまだ確立していなかった。ところが、自意識が確立していくにつれて、人間の環境が物質的な環境だけになっていく。眼に見える世界は確かな現実として存在しているけれども、眼に見えない世界は逆に、存在感を失っていく。最後には物質しか信じられなくなり、自然科学によって世界のすべてが説明できると思いこんでしまうまでに到る。

そして、一九世紀の終わり頃から、二〇世紀、二一世紀にかけて、また時代が根本的に変化し始める。眼に見える世界だけでは、生きる意味が見出せなくなる。技術と産業と営利主義だけなら、地球は間もなく滅んでしまうのではないか、という危機感が時代を衝き動かすようになると、また再び、バガヴァッド・ギーターを根底から支えていた霊的世界が求められるようになり始める。時代はギーターとは逆に、唯物論の時代から眼に見えない世界を志向する時代へと移りつつある。それが現在の状況だというのです。

第一講では、そのことをくどいくらい繰り返しています。今のわれわれとギーターの時代は、ある意味では真逆なのだけれども、別の意味では通じ合っている。一方は霊界の存在を当然のように前提としており、そこから一人ひとりの生き方を大切にする個の時代へ移りつつある。二〇世紀から二一世紀にかけての現代は逆に、孤独な、孤立した人生を嫌というほど体験した後で、何が人生の意味なのかを改めて問いかけなければならない時代に来ている、というのです。

いわば上から下への時代の移行がギーターの時代、下から上への移行が現代、それぞれ移行する過渡期という点では共通している、というのです。

ですから、今改めてバガヴァッド・ギーターを読むと、とても身近に感じ取れるのは、過渡期を生きることの厳しさ、切実さが実感できるからだというのですが、その過渡期をシュタイナーは、第一講から最終講までずっと「状況」という言葉で説明しています。過渡期という状況に、今われわれが生きている。アルジュナも同じ状況を生きている。アルジュナの場合には、この世が嫌で嫌でたまらなくなります。この世を自分が生きていくことに虚しさを感じているアルジュナがクリシュナと出会うのです。

そのアルジュナの想いは、現代人にとっても、痛いほど分かります。アルジュナは、この世があまりに矛盾に満ちており、とても自分はその中に溶け込めないと思っています。同じように今のわれわれは、霊界とかオカルティズムと言われても、本当は何のことか分からなくて、自分にとって一番確かなのは、この世を生きることだ、この世だけが現実だ、と思っています。だから、できたらあの世のこと、霊界のことなど考えないで、この物質の世界をいかに充実して生きるか、ということのほうが今の課題だ。そう、われわれは思っているというのです。

アルジュナにとっては逆に、霊界は疑問の余地がないくらい確実な、確かな世界でした。でも、この世は矛盾だらけで、信頼するに値しない。発想、価値観が逆になっています。第一講はこのことを、ソクラテスの最期を描いたプラトンの『パイドン』を例にとって語ります。『パイドン』の場合は、すでにこの世が確実なのですね。この世を生きることに、最高の希望を抱いて生きている古代ギリシャ人が、明日死ななければならないという状況に襲われたとき、霊界との関係がどうしても自分にとって重要になってきたということを、ソクラテスはすごく実感します。そして、死の前の日に、そのことを弟子に伝えます。

現代人もそのソクラテスの思想の流れの中で生きています。この世の現実という、いつ地獄に変わるか分からない状況の中で、われわれは悪戦苦闘しながら日々を過ごしているのです。

プラトンの場合、ソクラテスの場合は、古代の叡智がまだからだに浸透していたので、死んだ後の可能性を実感することができましたが、今の私たちの場合、死んだら自分の魂が確実に生き続けるとは思えない状況です。そう思えない状況なのだけれども、二〇世紀、二一世紀になると、それを確かなものと思わざるをえないような状況になってきている、というのです。なぜかというと、高い地位にある政治家、あるいは資本家たちまでも、全く唯物論的になってしまっていて、自分たちの利益、あるいは自分たちの権力さえ守れれば、地球が滅びたとしても仕方がないというくらい、最悪の状況になってしまっているからです。

その中でシュタイナーは、いま新たに、霊的な世界が現実に存在しているという思想を一緒に共有することで、時代を切り抜けようとします。自分たちにはそういう使命感がある、ということを改めて言葉で表現したのが、『バガヴァッド・ギーターの眼に見えぬ基盤』という、連続講義なのです。シュタイナーは全九講のこの講義の中で、現代の唯物論に対し徹底的に反対の態度をとって、新しい価値観を皆で共有しよう、と呼びかけています。

第一講では、ひたすらそれを呼びかけている中で、二つの大事な言葉が出てきます。ひとつは「悪戦苦闘」、もう一つは「至上の愛」です。悪戦苦闘の中で生きれば生きるほど、愛情の尊さが実感できる、ということをいろいろな関連で語っているけれども。それを実感するためには、「状況を生きる」という立ち位置が必要なのです。

今の私たちにとっての状況とは、どういう状況のことでしょうか。もちろん一人ひとり、違う状況を生きているわけですけれども、シュタイナーは皆で共有できる二一世紀の状況がある、と述べています。その状況を共有することで、今の私たちが生きている実感を共有できるような状況です。

その状況とは、不思議なのですけれど、徹底的に普遍的な、自己中心主義なのです。わたしが、わたしが、ということを言いながら、実はそのわたしの中に宇宙が生きている。わたしは個人なのだけれども、わたしの内面には、ありとあらゆる存在が含まれている。なぜかというと、今の私たちは、それぞれ自分の人生を生きているけれど、芸術を通して、あるいは愛情を通して、他の人の人生を自分の人生にすることができるからです。シュタイナーは、このことを強調しています。

自分ではない状況を自分で生きている、という在りようは、いたるところにあります。

昨日、テレビで、ある泥棒一族の娘と警察官になった若者が互いに好きになって結ばれる、というドラマを見ました。その泥棒一族と警察官一族それぞれの在りようがテレビの中で生なましく表現されていて、それを見ている私の心の中に、泥棒一家が生きてくるし、警察官僚の生き方も生きてくる。私の人生がいつの間にか、外に向かって拡がっていくのです。ドストエフスキーの『カラマーゾフの兄弟』を夢中になって読むと、日本人である私たちの中に、一九世紀のロシアの思想、人生観が、あるいは、一九世紀ロシアの状況が自分の中に生きてきます。

シュタイナーはすでに第一講で、この世はすでに霊界なのだ、と言っています。この世が霊界だとは、どのようにして実感できるのでしょうか。二一世紀の私たちの中に、一九世紀のロシアが生きてきたら、シュタイナーにとって、それは霊的な体験なのですね。

霊的体験とは、何か特別の、特定の、霊的な才能のある人たちだけが体験できるものなのでしょうか。それとも、すべての人が霊界を体験しているのでしょうか。それを問題にしているのは第二講です。シュタイナーは、最終的に正しい答えは、もちろんどんな人も霊界を体験している、と言っていますね。私たちは皆、霊能者なのです。意識していなくても、皆、霊界を体験しています。

さらに、一番基本的な日常の霊界とは概念世界だ、と言っています。概念を私たちが理解できるのは、私たちに霊能力があるからだ、というのです。

しかし、これはすごく奥が深い問題です。概念を日常生活の中に生かそうとすると、私たちはすごく冷たい存在になってしまう。例えば、「そこに草が生えている」とか「森がある」とか「街路樹が立っている」とか言うときの「街路樹」「草」「森」は、概念ですよね。太古の時代には、まだそういう概念がなかった、とシュタイナーは言っています。具体的なものだけが言葉になっていたので、一般的、普遍的な概念は存在していなかった。「これは木だ」「これは草だ」「いま食べているのはご飯だ」というのは概念を使っている霊的な体験なのですが、その霊的な体験は、実はすごく冷たい。相手のことをまともに感じ取ろうとしていない、ただ草が生えているということだけで、そこを通り過ぎたら、草と自分との関係は、全く冷たい関係で、実感を伴っていません。草という一般概念を知らなければ、コスモスの花が咲いているとか、薔薇の花が咲いているとか、そういう個別的な対象を言葉にしていれば、物と自分との関係が暖かい関係であり続けます。ただ「お米がある」というのではなく、「朝ご飯がある」というだけで感覚と感情が結びつきます。感情が結びつくので、冷たくありません。

ですから、シュタイナーによれば、一般的な概念が使える霊的な体験の最初の現れは冷たいのです。なぜかというと、樹木だとか森だとか雑草だとかというものは、ないからです。一本一本の草はあっても、「雑草」なんて存在しません。一本の楓の木、もみじの木はあるけれども、「樹木」なんていう存在は、実際にはありえません。

だから二〇世紀のわれわれが、霊的な態度で概念を使い始めると、対象と自分との関係が冷たくなってくるので、自然科学的な発想でものを見るようになると、対象は愛情の対象にはなり得なくなるのです。それでどうなるかというと、古代では土地は、母なる大地だったのですけれど、今ですと、一坪何十万円という商品になってしまいます。その土地に立ったらどんな感じがするかではなくて、その土地は一坪いくらの土地だという一般概念で処理してしまうので、ものすごく冷たく対象と関わることになります。ですから、このまま今の私たちの思考が続けば、土地はみんな外国人の所有物になってしまったり、地球で一番大きな森に簡単に火をつけられ、燃やされても仕方のないことになったりしかねません。要するに、冷たい発想で何でも処理できるという状況になっているのが、現代のわれわれの生き方だ、というのです。

では、どうすれば、一般概念を踏まえた霊的な体験の中で、対象を愛情の対象にすることができるのでしょうか。それを論じたのが、本書の冒頭の数講です。第二講、第三講になるにしたがって、対象と自分との結びつきが深くなっていきます。外の世界がこんなにすごい世界なのか、それと同時に自分という存在がこんなにすごい存在なのかという、外と内両方の評価がどんどん上がっていくように書かれています。

第二講、第三講、第四講、第五講と、読み進めば読み進むほど、何かすごさが伝わってきます。一般概念は冷たいけれど、その冷たい一般概念を暖かい概念にするにはどうしたらいいか、これは、第二講のテーマですが、どうしたらいいのかというところで、瞑想の問題が出てきます。

　瞑想とは、一般概念を心の中に生かす、ということです。その作業をすることで、対象と自分との関係が暖かくなる。自分にとって、一つひとつの抽象的な概念が生きたものになってくる、と言っています。特にシュタイナーは、「光」を問題にしています。光がどのぐらいすごいか。一般に私たちは、光と親しくなろうとは思ってはいないけれども、目をつぶって光をイメージするという内的作業をすると、光が何かすごいものになって私たちを包んでくれる。

シュタイナーの瞑想法は、たった一つなのです。ぜひこれを踏まえておいていただきたいのですが、目をつぶって光をイメージするのです。光はふつうは、何か物があって、物に光が反射すると、そこに物が現れますが、瞑想の場合は一切対象物のない光なのです。それを自分の中にイメージする。物質界の何もないところに光があっても、闇ですよね。物があると、その物が光に照らされて、姿をはっきり現します。目をつぶって光をイメージするのですけど、「光の輝くスガタ・カタチ」「光を発するスガタ・カタチ」を、目をつぶって自分の心の中にイメージするのです。スガタ・カタチなのですけれど、そのスガタ・カタチが光を発している。その光は、自分でいろいろイメージできますよね。

　その次に、「輝きながら波打つ光の海」をイメージします。輝きながら、光の海が波立っているのです。自分の内面がすべて光に包まれて、その光が海のように自分を取り巻いて、波打っています。動いているのです。そのイメージに意識を集中するとき、光は対象なしに現れる、とシュタイナーは言います。光が心の中で実体となって存在し始める、と。これは一つの例ですけれども、シュタイナーにとって、一番大事な霊的イメージです。抽象的な何かが自分の中で暖かい対象に変わる、という状況の瞑想です。（『シュタイナーの瞑想法 秘教講義3』「春秋社」74ページ参照）

「樹木」という概念をイメージするときには、自分の中に何か具体的なものをイメージしないと樹木になりません。ですから、自分にとって親しい一本の桜の木、あるいはもみじの木、どんな木でもいいのですが、できるだけ生なましく、ありありと自分の中にイメージして、そのことだけに意識を集中しようとします。

その瞑想によって何が分かるかというと、自分の内部が決して個人の主観的な内面だけではなく、自分の中に宇宙が生きているという実感です。クリシュナも、「自分がものの中に存在するのではない。自分の中にものが存在している」と言っています。どんな人の場合にも、それが言える、というのです。

私は宇宙なのだ。自分の内部で、宇宙が生きている。一五世紀の戦国時代も自分の中で生きている。あるいは、一九世紀の七、八〇年代の明治時代も自分の中に生きている。本屋に行って、明治時代の本を買ってそれを読めば、自分の中の明治時代が生き始める。つまり、自分はすべてを可能性として持っている、と思えるようになる。

それなのに、その自分は、今何をしているのかというと、自分の意志で不幸を招き寄せている、というのです。それがシュタイナーのいう、悪戦苦闘です。自分では、こんな嫌な目に遭いたくないと思っているかもしれないけれど、あなたの無意識が、その嫌な体験を呼び寄せるのだ、とシュタイナーは言っています。これも第二講、第三講で詳しく出ています。不幸は自分で呼び寄せた。なぜかと言うと、不幸を呼び寄せることで、自分が成長するのだから。自分が幸せだったら、自分は成長しない。嫌な思いをするから、魂は強くなる。魂を強化することができる。そう語っています。そして魂を強化しないと、本来の霊界とは出会えない、とさえ言うのです。

　第一講の問題は、いろいろあると思いますけど、ぜひまた、読み返していただきたいのです。読み返すときには、記憶に頼らない、とこのテキストのどこかにありました。いろいろな能力を呼び起こすのは大切ですが、記憶力だけは呼び起こさないように、と書いてあります。記憶力を呼び起こさないとはどういうことかというと、全く新しく出会うということです。もう一度、第一講を読むときに、前に読んだ、これはもう五回目だとか、三回目だとか思わないで、初めて読む本だと思って第一講を読み直すと、そのたびに何かすごいことに出会うのです。前に読んだときに分からなかったことが、大切なことになって出てきます。

　そのときに何が起こるかというと、この書のどこかの部分と自分との間に、縁《えん》ができるのです。この縁が、霊的体験の一番の基本です。記憶力を無にして読んで、何かすごいことを第一講から第九講までのどこかから受け取ったら、それは、霊的な体験の大もとになります。つまり自分のものになります。自分のものになった、シュタイナーのギーター論です。

今一時間半、時間に余裕があるとしたら、テレビを見るのはちょっとやめて、一時間半、例えば第五講だけを読んでみます。第五講は一時間半で読めます。読んでみるときには、第五講を初めて読むものとして読んでみて、第五講との縁をつけるのです。その縁が、すぐにまた忘れてゼロになっても、いっこうに構わない。すでにすごい霊的体験をしていることになる、とシュタイナーは言っています。でも、できたらノートに一ページでも半ページでも、第五講を読んだときの感想を書いておくと、すごくそれが自分の大事なものになると思うので、皆さんも試していただければと思います。

私の場合、第二講をどんな風にノートしたか、一例として書いてみます。

第二講――

すべての霊的原典は、状況を芸術的に表現している。特に魂を震撼させられるような状況を表現している。

つまり、どんな宗教書も芸術的に表現されている。読んでみて、感情が刺激されない、冷たい文章だったら、宗教書とは言えない。どんなに文献学的に正確な表現であっても、そんなことは、宗教とは関係がない。

だから宗教上の聖典は、状況を芸術的に表現している。魂を震撼させられるような状況の表現になっている。言い換えると、霊的な生活の出発点は、魂が震撼させられるという体験である。しかもその体験は、外から見ると、全く平静な状態のままなのに、心の深いところで、魂が震撼させられるというのが、基本的な在りようだ。

全人類の運命に対して、日常の自分に直接関わる運命に対するのと同じように心を向けること、それが霊学的な態度だ。全人類の運命を自分の運命として受け取るということが37ページに述べられている。全人類の運命を、個人の、自分の運命と全く同じように身近かに感じとる。あるいは自分の関心を、自分の感情を宇宙へ向けて拡げる。言い換えれば、自分の芸術的な感性を拡げる。これが霊学の課題である。そのために大切なのは、いい加減な態度をとらないで、真剣に向き合うということ、それが必要な唯一の条件になっている。今の時代は、多くの人が本能的に全人類、全宇宙に関心を持っている。だからこそ人智学は、現代という時代に合った思想になることができる。

38ページでは、ギーター第1章でのアルジュナの魂が深淵へ落ちていく。第二講はそのことを前提として、46ページになると、すべての人の中に霊的な体験があるのか、それとも特定の霊的能力者だけが霊的な体験をするのかと訊ねて、すべての人の中に霊的な体験がある、と応えている。

48ページにはそのことに関して、真珠の例が出ている。見霊という真珠は、概念的に思考できる限り、どんな人の中にも見出せるが、ただ人はその真珠を見ても、それを真珠とは思わないで、無視している。大切なのは、見霊の始まりは本来まったく日常的な現れ方をする、と理解することだ。だからこそ、概念、理念の超自然的な性格を瞑想によって実感できなければならない。問題は、概念をいかに瞑想に変えるか、である。

50ページでの一文、「人間よ、お前の概念と理念をお前の見霊能力のはじまりとして活用しなさい」は、はじめは苦悩に満ちている。なぜなら、魂の根源的な出発点から始めるからである。霊的な認識は、まず苦悩から出発する。その出発点とは、ギーター第1章の危機感に通じる孤独感にほかならない。この世の諸行無常を感じとりながら、無限の悲しみの気分を体験する。

　この第二講では、私たちは、魂を深く震撼させられることなしに霊界に参入することはない、とも言っている。一方では、日常の中に霊的な体験があると言いながら、もう一方では、魂を深く震撼させられることなしには、霊界に参入することはない、とも。恐怖、不安、茫然自失、恐れおののき、それが霊的体験の前提になる。自分の中に恐怖感があったり、不安感があったり、何をやったらいいか分からなくなってしまったり、臆病になっていたり、そういう状態の自分を見るとき、それを否定的に見ないで、「今自分は霊的体験を目の前にして立っている」と思いなさい、という。

　霊的体験は、恐怖がなければ、不安がなければ、茫然自失がなければ、始まらない、という。ただし、その魂のおののきは、日常生活に作用してはならない。日常生活はポジティヴに明るく生きなければいけない。その一方で、魂のおののきを霊的体験の前提にする。そういうことが35〜37ページあたりで述べられている。

　霊的な体験をするときに、前提としてもうひとつ大事なことは、自分の関心を拡げることをいつも心がける。芸術体験は、ある意味ではそのためにあるとさえ言える。芸術を体験するとは、自分ではない人の魂を自分のこととして体験することなのだ。音楽でも、絵画でも、彫刻でも、ドラマでも、小説でも、芸術体験をすることで、自分の興味、関心が拡がるが、その方向は、全人類の運命を自分の運命として受けとるところまでいく。全人類とは私のことだ。そういう言い方が可能になってくる。人類、地球、惑星系のような、一見自分とは一番縁のない外の世界を、自分の問題として感じとることが前提となる。月も太陽も、あるいは星も、自分の問題として感じるようになることが課題になる。

51ページでは、感情についてこう述べている。外の世界を見るとき大切なのは、感情の力で見る、ということだ。「ああ、情けない」という溜息も、何か新しいことをするときの至福の喜びも、すべて感情の問題だ。その自分の感情を自分の中に閉じ込めておかないで、外の世界に拡げる。外の世界の中に、自分の苦しみと同じ苦しみ、自分の喜びと同じ喜びを感じとる。

最後に、ヨーガについての説明が出ている。生まれてから死ぬまでの間の自我を体験するのではなく、輪廻転生を通じて生きる自我、それを体験するためには、惑星の魂、地球の魂、それを自分の魂と結びつけること、そういうイメージをもつことが大事だ。そのためにヨーガがある。ヨーガは輪廻転生の全体を実感できるようにしてくれる。人類の進化とは、日常の意識から、道のほとりの真珠から、日常の思想世界、概念の世界から、私たちの内なる真実、地上の受肉から地上の受肉へと生きていくことの真実を展望させてくれるまでの進化のことなのだ。62ページで、そう述べている。

以上は非常に中途半端なノートですが、このテキストの内容をどんな風に読みとるのかというときの参考にしていただければと思っています。

*

シュタイナーは、ギーターの第1章から第11章まで、自我意識が育つ時期の、霊的な体験のプロセスを、他には見られないくらい具体的な形で述べている、と書いています。

それから、第11章から最後までは、今度は主にトリグナ――サットヴァ、ラジャス、タマスという三つの言葉の意味を通して、神なるクリシュナの人間に対する想いのようなものがまとめられている、と言っています。実際に、ギーターを読んだときの私たちの場合はどうでしょうか。

第六講になって改めてシュタイナーは、ギーターの読み方を具体的に語ってくれています。139ページあたりからですが、現代のヨーロッパでは、ギーターのような聖典を読むときに、それを概念化して、哲学として理解しようとする傾向が非常に強いので、人類の偉大な衝動をギーターが芸術的に表現していることが正当に評価できなくなっている、と述べています。思想としては、ギーターはそれ以前のサーンキャ哲学やヨーガと同じ内容を語っているようだけれども、実際は全然そうではない、と言っています。

なぜかというと、そういう西洋的な思考方法では、状況が無視されてしまうからです。しかし、状況を無視しては思想は語れない、とシュタイナーは強調しています。141ページにいきますと、自我衝動が文献史上、初めてギーターの中で具体的に深く突っ込んで語られている。ところが、西洋の思想家たちは、ギーターを、サーンキャ哲学やヨーガと結びつけて論じているので、ギーターの重要性が見えてこない。クリシュナという生きた霊的な存在と、人間の自我とが向き合っているときの状況を見ようとしていない、と言うのです。

144ページにいきますと、いろいろな霊的体験が問題にされるけれども、一般に理解されている霊的体験の中の最大の誤解、それは、感覚世界での経験を超感覚的世界の経験に持ち込むことだ、と言っています。

たとえどんな精妙な姿をとっていても、基本的に感覚世界と変わりないような何かを、超感覚的世界の中で体験しようとしている。そうすると、大事なことが見えてこない。シュタイナーは特に、状況の中の思想、生きた思想の在り方、ということを強調しているのですけれど、それが見えてこない、というのです。

けれどもシュタイナーの主著のひとつ、『神智学』の中の、オーラについて論じている部分を読むと、どう考えても、ここに述べられているような、「たとえどんなに精妙な姿をとっていても、基本的に感覚世界と変わりない」ような何かが論じられています。そこには、青色、緑色、赤色のような感覚世界での経験を、超感覚的世界に持ち込んでいます。しかし、本書でのシュタイナーは、そのことを現代の思想書の最大の誤解だ、と言っています。

たとえどんなに精妙な姿をとっていても、基本的に感覚世界と変わりないような何かを、超感覚的世界の中で体験しようとしている。それが現代の神秘学の最大の誤解だ、そして、そのことをすでにギーターが、はっきり述べている、というのです。

147ページにいきますと、ギーターの第1章から第4章までの演劇的構成をこれまで述べてきたけれども、その演劇的構成は、章を追って高まり、眼に見えぬ直観の領域へ入っていく、という文章があります。ここでギーターの特別大事な問題としてシュタイナーが指摘しているのは、たとえどんなに精妙な姿をとっていたとしても、基本的に感覚世界と変わりないような何かを、超感覚的世界の中で体験しようとしているという問題点を、すでにギーターが実にはっきりと見事に語っている、というのです。

ギーターの第1章から第4章までは、普通の概念で理解できるように書いているけれども、第5章、6章、7章、8章と、次第に日常の言葉あるいは概念では捉えられないような世界が展開されていく。その劇的展開の中心が第9章だ、と書いてあります。そこでは、「人間の魂の秘密」が語られます。第9章には、ギーターの最も神秘的な言葉が出てきます。第9章の4に出てくる言葉です――「すべての存在はわたしの中にあり、わたしがそれらの中にあるのではない」。これがもっとも重要なテーマとして出てきます。

148ページになると、さらに人は絶対的な真理を知ろうとするが、そのようなものはそもそもどこにもない。どんな真理も、特定の状況においてのみ、真理なのだ。絶対的に正しい命題はない、と言っています。状況を踏まえないと、どんな思想も死んだ思想になって、生きた思想にならない、と言うのです。

149ページでは、先ほど述べた「すべての存在はわたしの中にあり、わたしがそれらの中にあるのではない」という言葉をふまえて、第9章、10章、11章の中で、さらに新しい観点が語られるので、まず第9章と第10章を、自分の魂に作用させようと試みてください、と言っています。このことは、もちろん瞑想を、状況瞑想をして下さい、という意味です。（状況瞑想については『秘教講義1』［春秋社］の第14講の402ページ、第15講の441ページ等を参照）

そしてさらに、第11章になると、クリシュナは、人類のための自己認識ともいうべき姿を現してくれているけれども、クリシュナのこの姿に出会うには、感情を思いっきり激しく揺り動かされなければならない、と指摘します。

第9章、10章は、常識的な観点では歯が立ちません。魂は、未知の体験のめまいがするほどの高みに昇っていく。第5章、6章、7章まではまだ常識で間に合うかもしれないけれども、第9章、10章では、もうそれでは済まなくなってしまう。理解するためには、自分の立場をすべて捨てて、ギーターに対する態度を、帰依の態度、畏敬の念の態度に変えて、神様を拝むように向き合って、第9章と第10章を読んで下さい。そうすれば、第11章を読む心構えができる、と言うのです。

そして152ページでは、第11章は、理性では手の届かぬ高次の魂の力、つまり霊視認識の没形象的な、形のない力を眼に見える姿にして示してくれる。第11章の形のない姿の表現を、そういう風に読んでくれ、と述べています。われわれの常識は、いつでも概念化することで済ませているとはいえ、概念化するというのは、枠にはめるということだ。つまり、形を作るということにほかならない、というのです。丸い形、四角い形、三角の形、そういう形を当てはめようとしても、第11章は、そういうことをいっさい撥ねつけている。

そこで153ページにこういう言葉が出てきます――「人間の魂のもっとも内なる力でなければ体験できないような、この特別の体験がこのように見事に表現されたことは、そもそも他のどこにもなかった」。常識では評価できないような第11章の途方もない表現を、シュールレアリズムとして読みとってくれ、というのです。

154ページにあるように、ここからは、アルジュナが語る側に立ちます。それまではクリシュナが語っていたのですが、第11章の15から25まで、アルジュナが自分の霊視体験を語っている。このギーターの第11章は、ともかくすごい表現ですけれど、シュタイナーは、物質界の常識では絶対に捉えられないように書かれているギーターの表現力は、ぎりぎりの状況でなければ捉えられない、と152〜153ページで語っています。

ギーターの第11章の15から25までは、アルジュナの霊視体験ですが、その体験が可能となったのは、アルジュナの魂がクリシュナを霊視できるまでの高みへと引き上げられた結果です。その後でクリシュナが、自分はどんな存在なのかを語りますが、その声は、強力な霊聴として響く、と言っています。シュタイナーの『神秘学概論』は、霊視と霊聴と霊的な自己同一性、その三つの体験が霊的な体験の三段階だ、と述べています。最初の霊的体験である霊視は、夢のような形で現れてくる。その霊視にはまだ形があるけれども、霊聴になると、もう形はどこにもなく、何かが意味となって響いてくるだけです。ギーターの第11章の最後で、クリシュナが、自分がどんな存在なのかを語りますが、その声は、まさに霊聴そのものだ、とシュタイナーは158ページで語っています。

その声は、人類の次なる宇宙期のすべての時代に響き渡るかのようだ。新しい時代の衝動が与えられた。それはまさに、物質中心の、現代という時代の中でこそ、切実に響いてくる。

ギーターの第11章の32から34では、新しい時代の、つまり物質中心の時代の、殺害の悲惨さが語られています。そして本書162ページでは、個々の人間も、アルジュナのように、自分の内部にあるさまざまな働き、力を可能な限り集中して、最高の意味での自己認識に到るときに、至高の存在クリシュナに出会える、と述べています。

シュタイナーのこの言葉は非常に重要です。ここで言う個々の人間とは、私たちのことです。読者の一人ひとりが、自分の内部にある認識の力、理解力、直観力を最高のところまで引き上げて、最高の意味での自己認識に到るときに出会える存在がクリシュナだ、というのです。

163ページからは、クリシュナ衝動とキリスト衝動との関係が出ています。ここでのシュタイナーは、個人の魂と人類とを区別します。個々の人間の魂は、可能な限り完成された存在になりたいと願っている一方、個人では決して達成できないものが外から人類に近づいてくる。個々の魂のためにではなく、人類全体のために働く何かが近づいてくる。そして一人ひとりのバラバラになった魂を、再び人類という在りようの中に統合しようとする。これが、クリシュナ衝動とキリスト衝動の違いである、と述べています。

以上が、本書第六講の本質的な内容です。ひとことで言えば、第六講は、ギーターの中の何が決定的に重要なのかを、一回の講義でまとめて語ってくれています。

続いて第七講もすごい内容です。二種類の認識力があるというのですが、それを第一の人間、第二の人間という言い方で次のように述べています。

168ページからです。大自然の鉱物、植物、動物、人間の中に働く創造力には二つの種類があるけれども、一九世紀のヨーロッパで発達した自然科学の思考は、この二つの力を区別できずにいる、というのです。

人間にとって外の世界を認識することは、脳神経系の中に破壊行為を生じさせることとつながっている。自然科学的な思考を集中的に行うと、脳神経系がエネルギーを消耗させて疲れ、破壊されるような感じを持つ。この破壊行為は、いつでも覚醒時に生じる。目が覚めているときには、自然科学的な思考が働いている。しかし眠っているときは逆に、その脳神経系に、蘇らせる力、創造する力が働いているが、しかし眠っているときの人間は、それを自分では意識できない。そう述べて、第一の認識力と第二の認識力、第一の人間と第二の人間を区別し、そしてさらにプラスとマイナスで説明しようとしています。

まず、排気鐘の、つまり空気を抜き取ることのできる、金属の完全に密閉された内部の空気を抜き取り、真空状態にしたうえで、さらにそれ以上空気を抜き取って、空気をゼロ以下にすることが可能なのか、という不思議な問題を提示しています。

それでシュタイナーは、ゼロは、物質的な意味ではゼロ、無なのだけれども、ゼロ以下というのは、物質がエーテルになることだ、と言っています。

176ページでは、借金を例にして、借金をするということも、言ってみれば、ゼロ以下の状態になることだ、と述べ、その例を踏まえて、物質存在がゼロになるとき、霊的存在がそこに現れてくる。プラスの存在が物質存在だとすると、マイナスの存在は霊的存在だ、というのです。無がゼロとして存在すると、その一方に、有がプラスの存在としてあり、もう一方には、「空」が現れるというのです。「空」という言葉は仏教用語ですが、シュタイナーにとっては、エーテル存在、つまり霊的存在が空なのです。だから、有が無になって、その無がさらに空になると、物質存在が霊的存在に変わる。

物質界にとって、霊界はマイナスの存在なのです。だから、物質のエネルギーと霊的なエネルギーは対比できる。その場合の霊的エネルギーとは、生命力のことだ、とも述べています。177ページにはさらに、こんな言葉も出ています。

> 眠ることで力が更新できるのなら、睡眠中に何らかの力が働いているに違いない。その力は生命力のことだ。その生命力は、有と無と空の対比でいうと、空の力だ。そして、さらに面白いことを言っています。この生命力、エーテルの力は、性欲の力とも結びつく。性欲の力の基本的な在り方は、人間の中の使い尽くされた力を睡眠中に蘇らせる力と全く同じ力である。その力は、すでに幼児期に働いていて、幼児期にはすばらしい秘儀の働きが現れている。幼児の無茶ぶり、無邪気さ、それはのちになって性欲の力になって出てくるのと同じエネルギーだ、と。

そこまで述べた後で、私たちの中には二つの人間がいる、というのです。覚醒時の人間と睡眠時の人間。前者つまり朝目が覚めてから眠るまでの人間は、利己的な在り方をしているけれども、後者つまり睡眠時の人間は、将来いつか優しい力となって、前者が破壊したものを再生する力になってくれる。この第二の人間は、人間の破壊力を代償する力、自己形成力となって存在している。

けれども、この形成力である第二の人間は、その姿を表に現すことがない。いわば姿を見せない姉妹魂、兄弟魂であって、それが姿を現すのは、見霊状態においてのみだ、というのです。184ページでは、アルジュナは、心を激しく揺すぶられたことで、クリシュナを通して、この第二の人間の魂の声を聴くことができた、と述べています。そして面白いのはそこからなのですけれど、この決して姿を見せない第二の人間が、歴史の中で姿を現すことがあったというのです。

ルカ伝の語る少年イエスに、この第二の人間の魂が受肉した。そこにひとつの素晴らしい秘密がある。ルカ伝の少年イエスのからだに、形成力である第二の人間の魂が受肉した。そう述べたあと、あらためて第七講の終わりに、私たちの運動である人智学の場合、合理的に組み合わされた思想構造があるわけではなく、まず見霊的に観察した事柄がある。そしてそのあとで、人間理性による吟味が加えられている。人智学の論述の仕方は、いつもそういう形をとっている、と述べて、第七講が終わっています。

第八講と第九講には、トリグナ、つまりサットヴァ、ラジャス、タマスについてのシュタイナーならではの独特な説明が出てきます。

まず第八講では、日常のセンスでは、この三つの言葉は理解できない。つらい状況に追い込まれ、つらい気持ちで生活するとき、悪戦苦闘するとき、初めて分かってくるのがこの三つの言葉なのだ、と指摘し、そしてこう続けます。今大切なのは、ギーターの根底にある感じ方、感情に、自分の魂を結びつけることなのだが、そのためには、ひとつの大切な課題を意識しておかなければならない。

つまり、私たちは今、新しい時代の黎明期を生きている。この新しい時代の特徴の一つは、これまで秘密であり続けたこと、ごくわずかな人たちだけに知られていたことを、社会の広範囲の人々に広め、普及させなければならない。それが新しい時代の特徴のひとつなのだ、と述べています。秘儀を公開する時代を迎えている、と言うのです。

193～194ページには、今大切なのは、霊的な秘密を公開することである。今私たちはそのためにここに集まっている。こんにちまで特定の秘密であった事柄を、すべての人に伝えられなければならないという想い、それが人智学の想いだ、と述べています。

ところが、195ページになると、こんなことも言っています。しかし、今の時代は、こういう事柄に無関心なので、時代のその全く唯物論的な無関心さが、これまでこの秘密を守ってくれていた。そう言って、その代表的な例のひとつとして、改めてバガヴァッド・ギーターに注目するのです。

ギーターの中には、これまで一般に公開されなかった秘密が語られている。けれども、その秘密のことは今まで誰も気づかなかった。特に近代のヨーロッパの合理主義は、こういう問題に関して無関心だった。だから、まず大切なのは、ギーターに由来する感情の流れを理解することだ。合理主義の立場に立って、冷たく、知的に理解しようとしている今こそ、秘儀を公開し、霊的な秘密をどんな人にも伝えられるようにすることが、私たちの大切な課題なのだ。何としてでも今、一般の人に分かってもらえないと、地球がいつ滅びてもおかしくないような時代に来ている、とシュタイナーは強調しています。

地球の温暖化がもう取り返しのつかないところまで来ていても、ある特定の利害関係のほうを優先させるというのが、今の私たちの合理主義ですよね。そういう現代だからこそ、自然科学、テクノロジー、金融資本主義では説明できない、大切なものがあるということを、どんなことがあっても一般に理解してもらわなければ、地球が滅びてしまうと言うのです。

今までは特定の人たちの中だけで秘密に保たれてきたものをすべて公開する時代が来たというのが、第八講のテーマです。

そのためにも大切なのが、バガヴァッド・ギーターに由来する、感情の流れを理解することなのです。知的なレヴェルでは、近代ヨーロッパは大きな発展をすることができたけれども、その分感情が抑圧されている。相手の気持ちを受け取るという感覚が鈍くなっている。これはシュタイナーの自己認識でもあります。

そういう西洋文化なのですけれども、その西洋文化の深い部分には、ソロヴィヨフ、ヘーゲル、フィヒテの思想がある。そしてその思想とわれわれとの間には、啓蒙思潮以来の、ヨーロッパ近代思想の、あの葛藤、あの思想の地獄、あの深淵が隠されている。その深淵を通過しないと、地球そのものが破滅に向かっていく。そういう危機感がこの第八講の髄所に見られます。

201ページにいきますと、こういう時代になると、真理が、パラドックス、背理にならざるをえない。背理であるからこそ真理なのだ、という感覚を持つ必要がある、と言います。この近代社会は、技術と産業と営利主義でつくられているので、真実はどうしてもパラドックスにならざるをえない。背理であるからこそ真実なのだ、という状況が今現れてきている、と。

そういう状況を生きる今日の人間の場合、期待、希望は、もし私たちがそれを体験できるとすれば、せいぜい夢の中でしかない。自分の中にイメージとなって浮かび上がる、という形でしか体験できない。しかしギーターの時代には、それが当然の日常の心の働きだった。203ページにそう書いてあります。

つまり、現代人には全く覆い隠されている睡眠意識、その睡眠意識から夢のように現れてくる霊感、それがこの古い時代、バガヴァッド・ギーターの時代には、覚醒時に体験できたというのです。しかし一方で、そういう当時の、言ってみれば霊的な体験を知っている人々が力を振り絞って努力した事柄が、今日の人の場合、路上に見出せる。本屋に行くと、ずらっと並んでいる文庫本の中に全部見出せる。だから大切なのは、そうした本を手に入れることではなく、その本の内容の前で悪戦苦闘することなのだ。そのことを体験することが現代の課題なのだ。現代人は、理念を言葉で表現することなら、いくらでもできる。当時の、ギーターの時代の人間には、そういうことができなかった。現代の私たちとは全く違う仕方で体験するしかなかった。今は言葉の上だけで語られる問題が、ギーターの時代には体験することでしか受け取れなかった。

だから、今日の概念的な表現とギーターの時代の表現とには大きな違いがある。今日では頭で理解できれば、体験しないでも分かったと言える。ギーターの時代には、悪戦苦闘しないと、分かったことにはならない。そう述べた後で、シュタイナーは、その良い例がサットヴァ、タマス、ラジャスという言葉の持っている意味なのだ、と指摘します。ここから、この三つの言葉の内容が、いろいろな角度から解明されています。

210ページではこんなことを言っています。この三つの言葉に向き合ったとき、私たちはまずそれを理解しようとする。しかも百科事典に述べられているような形で理解しようとする。でも、この三つの言葉は、共感することができなければ何の意味も持たない。共感できない限り、いくら頭で、サットヴァ、ラジャス、タマスという言葉の意味を知っていると思っても、それでは、ギーターの後半部、第12章以下は一行も辿れない。ギーターの時代を、概念で分かるだけではだめだ。感性で共感するのでないと、ギーターのキーワードであるこの三つの言葉の真の意味が見えてこない。

さらにこう述べています。この三つの言葉が意味しているのは、世界存在の、さまざまな状況の中に入って生きるときの在りようである。ここでも、「状況」という言葉が重要な意味を持っています。

「状況とは何か」なのですが、私の持っている、電子手帳の百科事典の細川亮一氏の説明が、他のものもいろいろ見たのですけど、一番本質を端的に語ってくれていると思うので、引用してみます。『ジャポニカ』の中の一節です。

――状況とは、客観的な環境ではなく、「人間がそれによって生きざるをえず、また生きることによってのみ開示される場をいう」。人間は、状況のうちでの存在である。状況のうちに制約、拘束されている、という意味ではなく、「人間は状況のうちでのみ、自由の主体として存在することができる」。（限界）状況とは、悪戦苦闘のこと。死、苦悩、争い、責めのこと。（ヤスパース）

それから、「状況瞑想」というのは、シュタイナーの言葉ですが、これは『秘教講義 1』の第13～15講に詳しい説明が出ています。たぶんそこで初めてシュタイナーは、「状況瞑想」という言葉を使ったと思います。

状況は、その中にあって悪戦苦闘する人にのみ、開示される場。外からは見えない場であっても、その中にいるのでなければ、自由を体験できない場。状況は変えることができるが、それには、日常の共感、反感を少しでも変えて、驚く、憧れる、願うことが前提になる。状況瞑想はそのためにある。『秘教講義』でそうシュタイナーは述べています。

『眼に見えぬ基盤』の第五講には、眼に見えぬ基盤とは、状況のことであると書いてありました。それを踏まえて、今のところに戻りますと、210ページでのシュタイナーは、この三つの言葉に共感できなければ、ギーターの後半部は一行も辿れない、と述べていました。この三つの言葉、サットヴァ、ラジャス、タマスが教えているのは、世界の中で生きるとはどういうことなのか、です。状況をふまえて、今この世の中に生きているのは人間です。人間のことを、現存在、Dasein とも言います。Da（その状況に）sein（いる）です。

人間はただそこにいるだけではなく、そこに自分がいる、という意識を持っている存在だというのです。

だから、この三つの言葉を概念として理解するだけにとどまると、抽象的になって、抽象的になった途端に間違えてしまいます。自分の生活経験を踏まえて初めて、この三つの言葉が意味を持ってくるのです。

例えば、鉱物界を知るためには、いわば身を寄せて鉱物界と共に生きようとする。そういう態度がとれるとすると、この理解の仕方は、ギーターの時代には、鉱物界のサットヴァ的理解と呼ばれました。サットヴァとは、そういうときのコトバだというのです。近代的な意味での概念として、鉱物という言葉を、植物や動物と並べてイメージした場合は、タマスなのですね。鉱物界を自分のものとして理解できると、サットヴァ。ただ眺めるだけで、まだ自分の問題として関われないときは、ラジャスです。現代の科学的認識が動物と向き合うとき、動物との関係性はタマスです。鉱物を食物として摂取する場合は、ラジャスです。植物の摂取はサットヴァ、肉食はタマスというのは、シュタイナーの主観ですので、この通り読んだら意味が分からなくなります。シュタイナーは、肉食が嫌いだったのですね。それで、感情が入れなかったからタマスだと言っていますが、おすしの好きなわれわれだったら、美味しいと思うので、サットヴァですね。だから状況次第だ、と言うのです。

概念を固定させないで、流動的にするのです。214ページにいきますと、全く受け身の霊的体験は、タマス、感覚的知覚はサットヴァ、信仰はラジャスですが、こういうのはすべて状況論ですね。こうした生きた概念は、状況次第で絶えず反転します。シュタイナーにとってはタマスであっても私にとってはサットヴァだ、そういう風に変わることができるのです。だから、絶対はない。相対的でしかありません。タマス状態は受け身の見霊状態のことでもあるし、睡眠状態のことでもある。色の場合に赤、橙、黄のような明るい色はサットヴァ色、緑はラジャス色、青、藍、紫はタマス色というのもシュタイナーの主観ですから、絶対ではありません。人によっていくらでも変わります。

　それで、最後の第九講に入ります。

　第九講の最後にシュタイナーは、今回の連続講義ができたことに、とても満足している、喜んでいる、と述べています。この講義はシュタイナーにとっても特別の講義でしたし、読者にとっても、特別の印象を受けます。そこには、神智学協会から除名されたときのことも出ていますけれど、シュタイナーにとっては、特に悪戦苦闘した時代だったのですね。そのときの貴重な記念碑みたいな気がします。

　第九講は、状況を表現する三つの言葉と、状況から自由になろうとする自我、あるいは自意識、それが最後のテーマになっています。

　まず、サットヴァ、ラジャス、タマスが霊界を表現するのに、そして内と外を結びつけるのにもっとも適した言葉だと述べています。ギーターの時代、内と外、自分の魂と外の世界との関係を意識して対象化するために、この三つの言葉は特別重要でした。自分の存在を外から区別するためにも。

そう述べて、225ページからは、アルジュナの魂を当時の環境から独立させ解放することが、クリシュナの課題だった。戦争中の、自分の肉親と戦わなければならなかった状況にアルジュナがあまりにもつらい思いをしていたので、その当時の状況、環境から彼の魂を独立させて解放するのがクリシュナの課題だった、というのです。

アルジュナの高次の自我が、環境から、状況から、自由になること、その過程を描いているところにギーターの構成美、物語を作る際の美しさが見てとれます。

226ページでクリシュナはこう言います。この三つの状態、サットヴァ、ラジャス、タマスの中で進行していくすべてから自由にならなければならない。先程の、辞書の中にあるように、状況の中だけに自由がある。そこだけが自由でいられる場である。状況の中にいることが実存的であることの条件だとしているにもかかわらず、クリシュナは、その状況から自由にならなければいけない、と言うのです。すべての状況から自由であること、つまり、この三つの状態、状況を自由に生きること。つまり、自己意識の創造行為、それが今問われている、というのです。

けれども現代においては、あまりに自分に固執して、自分のことだけを考えて、外界との結びつきが持てずにいる人が多い。そういう現代人の場合、感情的に孤独な人生が待っている。そういう私たちは、バガヴァッド・ギーターの頃に始まった時代の終わりに立っています。だから今改めて、サットヴァ、ラジャス、タマスという言葉が大切になってきます。

自我意識、自意識を手に入れることは、現代ではむしろ、この上ない苦悩の種を背負うことになりかねません。しかし、ギーターの時代には、最高の努力目標でした。それくらい時代が変わったのです。

　クリシュナの時代の人間は、形象意識で生きていた。抽象概念は問題にならず、形象意識、具体的な形のある存在の中で生きていた。現代人は、概念を基本にして生きている。クリシュナの時代の人は、ブラフマンの下で生きることが求められていた。

　ブラフマンとは、辞書を見ると、梵天のことです。ブラフマンは、この世の唯一絶対的なもの、終わりのないもの、東にも西にも天にも地にも、どこにでもいる普遍的存在です。ブラフマンにとって天なる場所は存在しない。左、右、上、下、どこにでもいるからです。ヴェーダの奥義書『ウパニシャッド』にあるように、人びとはブラフマンをいつも信仰して、そのもとで生きることが求められていました。それがクリシュナ時代の人間の在りようでした。

　ですから、誰でもみんな受け身で、形象世界の中に身を置いていました。今の私たちは、外に出て周りを見回すと、遙か彼方に山が見えたり、雲が漂っていたり、足元には秋の野草が花を咲かせていたりしています。でも、それを見るときに、自分との関係はあまり気にしません。ああ花が咲いている、草がいっぱい茂っていると概念化している。概念で生きている現代人は、基本的に環境との関係が冷たいのです。

　この前たまたま、原宿の駅前通りを歩いていて、いろいろな人がすれ違ってくるのですが、その人たちをぼんやり見ていたら、何かその人たちが自分で、自分がその人たちなのかな、みたいな変な気分になって、自分でびっくりしたことがありました。東京の街を歩いているとき、向こうから歩いてくる人と自分とに縁があるとはあまり感じないのに、突然それを感じたものですから、とても不思議な気持ちになりました。

たぶん古代人だったら、そう感じるほうが当たり前かもしれません。皆仲間だと思えれば、縁があります。現代人は、若い女性が歩いているとか、この人は年を取っているので杖をついて歩いているとか、全部概念で見ていて、その人が自分だ、という感性はほとんど持っていませんが、シュタイナーがここで言っているのは、ブラフマンの下で生きている古代人は、皆、ブラフマンの子どもだったということです。

ところがその分、こういう古代人は、すべてが受け身で、形象世界の中に身を置いていました。受け身になって、環境の世界と向き合っています。今の人は、冷たく見ることができる分、自由でいられます。

現代人の場合、環境世界について、あれは薔薇の花であるとか、あれは積雲であるとか、名前を付けて納得していますが、その分独立して生きていけます。だから、孤独になってしまうのも簡単です。一方、古代の人の場合は、魂を受け身にして、ブラフマンへ高まります。ブラフマンと自分が一体になっています。現代人の場合は、能動的な態度で、自分で高次の世界へ高まっていこうとします。

クリシュナは古代人に現代人の生き方を求めることで、新しい時代を切りひらこうとしました。それがバガヴァッド・ギーターのテーマでした。ギーターの第9章では、「わたし」というコトバが改めて強調されます。

このクリシュナの想いは、240ページでは、のちにルカ伝のイエス少年となって現れます。ですから、このルカ伝の少年イエスの中には、外的現実から解放されたいと願う、自立への衝動が働いていました。その場合は、サットヴァ、ラジャス、タマスは問題にされません。そのほうが自意識を保っていられるからです。けれどもサットヴァ、ラジャス、タマスから目を閉ざすと、それによって一面的になってしまい、人類全体に無関心になって自分だけに向き合うことになってしまいます。

そういう冷たい状況の中で、キリストが現れるのです。キリスト衝動が、二つの一面性、自分だけを愛するルツィフェル衝動と、自己を高めるクリシュナ衝動の高次の統合として、キリスト衝動が現れたのですが、しかし自意識への進化は、現代になると疎外感を伴って人間を苦しめています。つまり今の私たちは、さまざまな仕方で、環境から疎外されるという悲劇的な状況を体験させられ、多くの現代人の魂が環境との縁を失って彷徨《さまよ》い歩いている、というのです。

環境というのは本来、敵ではなく、自分を守ってくれる聖なる存在のはずでした。だから古代人は、その聖なる存在をブラフマンと言ったのですね。その聖なる環境、絶対的に自分を包んでくれているその聖なる環境であるブラフマンとの縁が切れてしまったのは、私たちの時代になってからだ。だから逆に、外界の聖なる在り方を改めて知りたい、と願うようになる。そして、人智学はその願いに応えようとしている。

245ページでは、「わたし」というのはクリシュナの言葉だが、「わたし」ではなく、「わたしの中のキリスト」というのは、キリスト衝動の言葉だ、と述べています。

人智学の立場は、どんな精神潮流の独自性にも、愛情を込めて具体的に関わっていこうと努力しています。しかし、このことは容易ではないので、何度でも繰り返し努力していかなければなりません。

249ページでは、聖なる秘密に関与するためには、努力し続けなければならない。努力し続けるという行為そのものが、聖なる秘密と結びつく、とあります。

最後に、それほどはっきりとは書いてありませんけれど、神智学協会から、人智学の立場が異端として批判されている。神智学はあらゆる宗教と深く結びつこうとしているのに、人智学はキリスト教とだけ結びつこうとしている、と批判されている。それで人智学は今、試練に立たされている。だからこそ、現代という時代の霊的な流れに役立つために、真実への努力をしているかどうかが試されている、と述べています。

神智学と人智学の対立の問題は、今になってみると、逆に、人智学だから神智学、神智学だから人智学、という愛の立場にもう一度立たなければいけないと思います。シュタイナーの願いもそこにあったようです。

252ページの最後のところでは、「この連続講義を行うことができて、私自身、この上ない充実感で満たされているこだからこそとを皆さんに申し上げたい」、という言葉で終わっています。

なお、本書を繰り返して読み直していただきたいので、読者の皆さまに本書の内容をノートしていただければありがたいと思っています。以下はそのノートの一例として掲載させていただきました（巻末「高橋巖ノート」参照）。

訳者あとがき

一九一三年五月二八日から六月五日まで、フィンランドの首都ヘルシンキで行われた九回にわたる連続講義『バガヴァッド・ギーターの眼に見えぬ（オカルト的な）基盤』(Die okkulten Grundlagen der Bhagavad Gita) は、その五ヶ月前にドイツのケルンで行われた五回の連続講義『バガヴァッド・ギーターとパウロの書簡 (Die Bhagavad Gita und die Paulusbriefe)』〔邦訳『シュタイナー根源的霊性論』春秋社、二〇一七年〕をふまえて、例えば、ギーターだからパウロ、パウロだからギーターというような、世界観・人生観の「基盤」をはっきり示しています。AかBかのどちらかの立場に立つのではなく、AだからB、BだからA、またはAなのにB、BなのにAというような、いわば融合、相互浸透の立場に立って悪戦苦闘するのです。

その在りようが本書第二講の冒頭の数ページに「芸術的な立ち位置」として詳しく論

じられています。そこではまず、古来の偉大な聖典はすべて、芸術的、演劇的な高まりを示している、と述べ、さらに「一般に私たちは、魂を深く震撼させられることなしに霊界に参入することはないのです。魂の力のすべてを激しく揺さぶられることがなければ、魂の力が感情の中に深く浸透することはありません」、と述べています。

本書から学ぶことはいろいろありますが、私にとっては「相手の立場に立つ」、この美的な立場をはっきり示している第二講の冒頭が、もっとも強く印象に残っています。

そういう意味でも、田中嫺玉訳の『神の詩《うた》 バガヴァッド・ギーター』（TAO LAB BOOKS）に出会えたことに感謝しています。学問的にではなく、芸術的に感動して読むことができたからです。訳者の田中さんは、「あとがき」の冒頭で「恩師渡辺照宏先生」がギーターの翻訳に際して励ましてくれたことに触れていますが、私も渡辺照宏先生の訳されたヘルマン・ベックの『仏教』（上・下、岩波文庫）を愛読していました。そして、後にドイツでヘルマン・ベックとルドルフ・シュタイナーとの深い縁を知り、日本に戻ってから、まだお会いしたことのない渡辺先生に電話したことがありました。とても丁寧に応対して下さり、ご自分の仏教研究に触れ、自分はシュタイナーを研究する余裕がなかったけれども、ぜひ日本にシュタイナーを紹介するように、と励ましていただきました。シュタイナーの『神智学』の翻訳をされていたことも後で知り、その奇縁に驚いたこともあります。

本書を訳しながら、東京で昨年の秋まで勉強会を数年間続けてきましたが、そのときの最後の講義内容を本書の付録にあるような形にまとめて下さったのは、今回も京都在住の畏友飯塚立人さんと春秋社の高梨公明さんです。両氏の協力がなければ、本書の出版はいつになるか分かりませんでした。それから本書の勉強会に熱心に参加して下さった方々のおかげで、どうにか訳し了ることができました。以上の方々に心から感謝しております。

なお、巻末の「ノート」は、決して完成されたものではなく、読者の一人ひとりに、もっとすぐれた「ノート」を作っていただくための叩き台として付け加えさせていただきました。

高橋　巖

二〇二〇年一月三〇日　町田にて

バガヴァッド・ギーターの眼に見えぬ基盤

2020年2月20日　第1刷発行

著　者＝ルドルフ・シュタイナー
訳　者＝高橋　巖
発行者＝神田　明
発行所＝株式会社　春秋社
〒101-0021 東京都千代田区外神田 2-18-6
電話　(03)3255-9611（営業）
(03)3255-9614（編集）
振替　00180-6-24861
https://www.shunjusha.co.jp/
印刷所＝株式会社　太平印刷社
製本所＝ナショナル製本協同組合
装　丁＝本田　進

ISBN978-4-393-32551-3 C0010　定価はカバーに表示してあります。

プロフィール

ルドルフ・シュタイナー　Rudolf Steiner（1861-1925）

ハンガリーのクラリエヴィェベック（現クロアチア）に生まれる。ウィーン工科大学卒業。ゲーテ学者、哲学者として活躍した後、1902年、神智学協会ドイツ支部書記長に就任。13年、神智学協会を離れ、人智学協会を設立。霊学的観点から新たな総合文化の必要性を説き、その影響は宗教、芸術、教育、医療、農法、経済など、広範な分野に及ぶ。1925年、スイス・ドルナハにて逝去。著書・講演録多数。

高橋　巖　Iwao Takahashi

東京、代々木に生まれる。慶應義塾大学文学部大学院修了後、ドイツに留学。ミュンヘンでドイツ・ロマン派美学を学ぶなか、シュタイナー思想に出会う。1973年まで慶應義塾大学で教鞭をとる（美学・西洋美術史を担当）。1985年、日本人智学協会を設立。著書に『神秘学講義』『シュタイナー哲学入門』ほか、訳書に『シュタイナー・コレクション』全7巻ほか。

高橋巖ノートより

［数字］は本文のページ

第　1　講

◆その１　諸行無常から草木国土悉皆成仏へ

［6–7］　これから取り上げる問題は、時間的、空間的に現在の私たちのいる場所から遠い彼方のことであるようだが、しかしこの問題は、身近かな、親しみのある仕方で、「あらゆる存在の中に生きている永遠なるものの秘密へ導いてくれる。」「いつどこでも、時間的、空間的に、今生きている私たちの現実に向き合うように導いてくれる対象でもある。」

この永遠なるものの秘密とは、「至上の愛」を「活性化するもの」の秘密。

至上の愛（Love supreme, die allgewaltige Liebe）は、ジャズのジョン・コルトレーンの名盤のタイトルにもなっている。

「私たちは、どこで集まろうとも、叡智を求め、愛を求めて集まるのです。」そしてこの「愛の泉」への憧れは、「悪戦苦闘する人間の魂そのもの」の現れでもある。

「この悪戦苦闘する人間精神の圧倒的といえる表現のひとつ」がバガヴァッド・ギーター。

［9］「多分、まさに私たちにとってこそ、まったくとらわれることなく、無条件に、ギーターに向き合う必要がある、と思います。」時代は、ギーターを前にして、そもそもどこから始めていいのか、分からずにいる。だから多分グロテスクな仕方になってしまうかもしれないが、この出発点について考えるところから始めたい。

［9–13］　始めは戦闘の場面。そこに現れた偉大な師クリシュナは世界の秘密に関わる偉大な教えを伝える。するとアルジュナは、これほどまでに崇高な事柄を語ってくれる　師の魂の本当の姿が見たくてたまらなくなる。

［13–14］「クリシュナの弟子の魂は、この荒涼とした戦場から離れて、クリシュナの真の姿が生きている世界に眼を向けます。その世界は、どんな争い、どんな戦いからも無縁な、この上なく清らかな、崇高な世界です。そこでは、生きることの秘密が開示されるのです。（…この世界のことを知れば）この世の世界の荒涼とした戦いの場に再び降りていくことが可能になる、というのです。」
悪戦苦闘するこの世の生活を支えてくれる土台がある。
この世の生活の意味を教えてくれる精神の土台。
［14］　一方には人間の苦悩、争い、死の世界。もう一方には浄福な聖なる世界。
「けれども、崇高なクリシュナの衝動からしか生じえないような必然性によって、アルジュナの魂は荒涼とした、混乱した戦闘に加わらなければなりません。」
［15］　この問題は、まさに現代の課題。つまり「地上的なものなら、物質的なものなら、なんでも非常によく理解できる人びとに、今（ギーターは）働きかけようとしているのです。」
［16–17］　以上を理屈ではなく、イメージとして提示。「私たちが今取り上げようとしているイメージは、言葉を超えた何かなのです。」
［17–18］　ここでもう一つのイメージ。「ソクラテスの死」。
［19］　魂の不死を考えるのなら、人間の魂にとって、論理的証明よりも――どんなに疑わしく思えても――、はるかに価値のある何かがあることを理解できなければならない。
［19–20］　そのためには、語られる事柄では伝えられない事柄（状況）を知る必要がある。すなわち「語られる事柄だけではなく、この偉大な師が弟子たちに語るときの状況も、共に働きかけてきます。」
「主として私たちに働きかけてくるのは、ソクラテスの言葉ではありません。状況が私たちに働きかけてくるのです。」
この状況からギリシア世界が見えてくる。
［21］　この意味で西洋文化は、数百年、数千年にわたって、ソクラテス文化であり続けた。
アルジュナ――超感覚世界については何の疑問ももってないが、感覚世界での自分のことが分からなくなっている。
ソクラテスの弟子のひとり――超感覚世界との関わり方が分からない。
［22–23］　今、20世紀を生きる私たちが求める新しい見霊文化のための準備として、「バガヴァッド・ギーター」が私たちを励まし、力づけてくれる。
［26］　古代人にとって、すべては「私たち」だったが、ギーターを通してはじめて、「私」の観点が与えられた。
すべてを「私」と感じとる感覚。この木は「私」である。この建物も「私」である。

[28–30]「一体クリシュナは何を言うのでしょうか。…わたし、わたし、わたし。…わたしは地上にいる。わたしは水の中にいる。…わたしは風である。…」

「アルジュナはまだわたしのことをつかんでいません。…その彼に、神が普遍的な、宇宙的なエゴイストであるかのように向き合います。…地、水、火、風のすべての中に、地上に生きるすべての中に、体、魂、霊の中に生きるすべての中に、わたし以外の何も見るな、と要求します。」

「普遍的エゴイズム、これがクリシュナの言おうとしていることなのです。」

「オカルト的な秘密は、論理によってではなく、人生の大きな矛盾を眼の前にするとき、私たちに開示されるのです。」

◆その２　状況論　アルジュナの状況とソクラテスの状況

[10–11]　偉大な師クリシュナと弟子アルジュナの関係。そのときの戦争。

「しかしそれらすべては、究極において、何を目ざしているのでしょうか。…クリシュナがアルジュナに与えた偉大な、聖なる響きをもつ教えに眼を向けるだけでは十分とはいえません。…どのような状況の下で、クリシュナはアルジュナに…全身全霊で戦いに臨め、というのでしょうか。」

[12]「私たちの言語、哲学、日常よく心得ている諸理念では、…この精神の営為を性格づけるにはいかに不十分であるか。」

悪戦苦闘の下でのみ、霊界が近寄ってくる。

[20]「主として私たちに働きかけてくるのは、ソクラテスの言葉ではありません。状況が私たちに働きかけてくるのです。」

[22]　クリシュナの弟子とソクラテスの弟子との間には、この上ない深い深淵が横たわっている。20～21世紀を生きるわれわれにとって、この二つの状況が両方ともよく見える。なぜなら現代という状況は、この両方を今、逆に辿っているから。

[24]　盲目＝見霊

「古代人にとって盲目であることは、その人の魂がすべての記憶、すべての霊的関連の中で、太古の時代（の秘儀）に通じていたことを象徴的に示しているのです。」

◆その３　至上の愛　love supreme

The Supremes（60年代のソウルの女性３人組）

[6–7]　バガヴァッド・ギーターは、あらゆる存在の中に生きている永遠なる（諸行無常を超える）ものの秘密へ導いてくれる。永遠なる源泉への止むことのない探求。その源泉の中に見出せる「至上の愛」を活性化するものへの探究。

愛の泉への憧れの中で、私たちは集まる。
悪戦苦闘する人間の魂の中にも、この憧れを見てとることができるギーターは、この悪戦苦闘する人間精神の圧倒的ともいえる表現のひとつである。
[13-14]　無二の対比——1.戦場、2.霊的体験。
[18-19]　論証よりも状況。
[19-20]　『パイドン』におけるソクラテスの死の状況。
[22]　状況から深淵が見えてくる。
[30]「オカルト的な秘密は、論理によってではなく、人生の大きな矛盾を眼の前にするとき、私たちに開示されるのです。」
[30-31]　マーヤーから抜け出る道は、「わたし」。

第 2 講

◆その1　関心の幅を広げる。広大な地平に立つ。海外旅行。読書 etc。

[32-33]　この状況＝感情を重視する。——状況表現のための芸術表現。
感情の本質論＝芸術的構成。
[34-35]　今日はバガヴァッド・ギーターの第1章から第4章までを取り上げる。
若干の主要点——第一の主要点は感情の濃縮。つまり心を震撼させられる体験。
[36]　第二は、自分の関心の範囲を拡げて、通常の日常生活から離れる。世界の広大な地平に立とうとする。日常から自由になる。つまり、芸術的感覚を養う。人類を「私」と感じる自己教育。
[39]　女性原理は、エーテル的＝歴史的、血族や世代
男性原理は、物質的＝個人的
[41-59]　ギーター最初の4章の三段階。——第一段階は霊の不滅
第二段階は、概念＝感覚体験の概念化はすでに霊的。「真珠」、金。つまり、理念との出会い。
第三段階は、拡大された自我。わたし、わたし、わたし。地球の魂を自分と同化させる。

◆その2　一般概念と個別概念。犬とタロウちゃん。

[32]　すべてのオカルト的原典は、状況を芸術的に表現している。特に魂を震撼させられる状況の表現。
[36]　オカルト生活の出発点は、魂の震撼である。それを外的な平静さの中で、心の深いところで体験する（深淵として）。

［37–38］ 霊学とは、全人類の運命に対して、日常の自分に直接関わる運命に対するのと同じように、心を拡げること。自分の関心（感情）を宇宙的に拡げること――つまり、芸術的感覚を拡げること。
だから大切なのは、真剣に学ぶこと。そして今の時代は、多くの人が本能的に全人類への関心をもっている。だからこそ、人智学は時代に合った思想になれる。
［38–39］ ギーター第1章でのアルジュナは、まさにそういう状況にいる。つまり深淵への落下。
［46］ これから特別大切なことを語る。――
［48–49］ すべての人の中に見霊体験があるのか、それとも特定に見霊能力をもつ人だけが体験するのか。――前者が正しい。
真珠の例。見霊という真珠は、概念的に思考できる限り、どんな人の中にもある真珠である。ただ人はその真珠を見ても、真珠だと思わないでいる（にわとりと真珠*）。

*「真珠がひとつぶ道に落ちていたとします。にわとりが一羽やってきて、それを見つけますが、にわとりには真珠の価値が分かりません。…」［48］

「大切なのは、見霊の始まりは本来まったく日常的な現れ方をする、と理解することです。」だからこそ、概念、理念の超自然的な性格を瞑想によって実感できなければならない。（例えば「ヒエラルキア」という概念。）概念から概念の瞑想へ。
［50］「人間よ、お前の概念と理念をお前の見霊能力のはじまりとして活用しなさい。」
［56–57］ 認識の道は、はじめは苦悩に充ちている。それは魂の根源的な出発点から始めるため。その出発点とは、ギーター第1章の危機感。［51–52］に出ている孤独感。「この世の諸行無常を感じとりながら、無限の悲しみの気分を体験する。」［51］

◆その3

［32–34］ どんなオカルト的な原典も、芸術的に構成されている。状況を体験するには、美的、芸術的高揚感が必要だから。
［35］「一般に私たちは、魂を深く震撼させられることなしには、霊界に参入することはないのです。」
恐怖、不安、茫然自失、恐れおののき、それが霊的体験の前提になる。
［36–37］ しかし、その魂のおののきは、日常生活に作用してはならない。その際必要なのは、自分の関心を拡げること。そのための芸術体験。全人類の運命にも心を震撼させられなければならない。全人類とは「私」のこと。
――映画を見ることの意味。小説の世界に没頭することの意味。
［37–38］ オカルトの進歩のためには、人類、地球、惑星系を自分の問題とし

て感じとることが前提になる。

今の時代、多くの人たちが、自然に、本能的に、全人類への関心をもっている。

[39]「種族から種族、世代から世代へと伝えられるものは、女の本性と結びついており、血族や世代の関連から引き離された個人的、個性的なものは、男の本性と結びついている、という教え」は、太古から伝承された教えだったが、アルジュナのような人は、それを感情の力で受けとっていた。

[40] しかし、そういう伝承が殺し合いの中で否定された。

[40-41] そういう「深淵」を前にしたとき初めて魂の中に霊的な働きが目ざめる。

[41-42] 最初の4章の中には三つの段階が見える。

その第一は、霊は不滅だ、という教え。からだは死んでも、霊は死なない。

——

[42-43]「アルジュナよ、霊の立場に立って戦いなさい。そうすれば、殺されることなく、生き続けるものに眼を向けることができるだろう。」

[44-45] 一般的な概念（たとえば魚、木、道 etc）はアルジュナの時代には、まだ普及していなかった。だから逆に近代では、一般概念をあたりまえのこととして、特に考えの対象にしていない*。死後の生活を一般的概念として認識の対象にしてはいなかった。

＊一般概念は対象に冷たい。直観の反対。何もよく見ないで、納得する。

[45] 抽象的思考——具象的直観

[45-46] 概念による思考、論理的思考はバガヴァッド・ギーターの時代より後になって初めて現れた。しかし現代人は、抽象的思考について誤解している。論理的な思考を外的、感覚的な現実を写し取ったものにすぎない、と考えている。物質的な外界からおのずと生み出された、と信じている。——つまり感覚的知覚があって初めて思考が働き、その知覚内容に意味を与える、と考えている。

[47] 錬金術の例が出ている。——つまり、感覚体験の概念化は、「真珠」または「一片の金」と同じように、霊界から落ちてくる。

[48]「私たちはみんな、次のような二者択一を迫られています。——それでは、たとえどんなに僅かな程度でも、われわれは皆、見霊者であると思うのか、それともわれわれの中の見霊者でない者たちは、決して見霊的になることはない、と思うのか。皆さん、大切なのは、この二者択一の前者のほうが正しい、と理解することです。」

[49-50] 通常の思考生活の中に、見霊という真珠は現れている。「見霊の始まりは本来まったく日常的な現れ方をする。」

理念、概念は、高次の霊界からやってくる。決して感覚的知覚からではない。

「人間よ、お前の概念と理念をお前の見霊能力のはじまりとして活用しなさ

い。」

[50] 「しかし今、私たちはよく分かっていなければなりません。クリシュナがアルジュナの前に立ったとき、クリシュナは人類史全体の中で初めて、抽象的な思考を行使しながら、超感覚的世界の認識のための出発点をアルジュナに与えた、ということを。」

「霊は、外的に多様に変化する感覚世界の内部で、見えるものになることができます。」

「霊は、抽象的、本質的なものは、永遠です。現象の表面で、その霊的なものが完全に見えるものになるのです。」

[51–52] 外の世界を見る時、感情の力で見る。無情の吐息も、生成の至福の喜びの感情も働かせる。この上ない苦しみとこの上ない至福を外の世界の中に感じとる。

『今、お前は、理念界と共に、孤独になっている』――そういう体験をします。」それが大切。

[52–53] 「そのとき人は、理念界が信じられなくなり、魂が揺さぶられます。」そのとき、存在における一切の疑惑が無限に大きくなる。存在も、時間も空間も、自分に理念を与えてくれない。

そういう厳しい疑惑の末に、霊的諸領域が開示される。これが進歩する魂にとっての次なる行程である。

第二の領域である。

[54] 第一の領域は、生命の深い危機（ギーターの冒頭）。

[54–56] 第二の領域は理念との出会い。そのための独断論の否定。

[56–57] ヴェーダを拒否する。――「クリシュナは人間の魂の根源的な出発点から始めさせようとします。」

[57–61] 「ですから、バガヴァッド・ギーターの世界における一般人間的なもの（苦悩と喜び）にアルジュナの注意を向けたあと、クリシュナは、ヨーガから何を得ることができるかを認識させようとします。」

ギーターの最初の４章ではもっとも個性的なものへの劇的な高まりを示している。

明日の第３講ではこの点もっと詳しく話すつもり。

第三段階では、概念、理念の日常的な見霊からヨーガによる敬礼への道が示される。つまり第三段階では、生まれてから死ぬまでの間の自我だけでなく、転生を通して生きる自我も働いている。そのためには惑星の魂、地球の魂と自分を同化させなければならない。「自分と大地の霊との合一という大きな体験をします。」[60]

[61–62] 「ヨーガは、地球進化の中での輪廻転生の全体を実感できるようにしてくれるのです。」

これが第３段階。

「人類の進化とは、日常の意識から、途上の真珠から、日常の思想世界、概念世界から、私たちの内なる真実を、地上の受肉から地上の受肉への生きていくことの真実を展望させてくれるまでの人類の進化のことなのです。」

第 3 講

◆その1　日常の共感、反感をちょっとでも変える。
運命論。
夢が問題になるのは、通常の夢を解釈するためではなく、夢の中の未知の気分にちょっとでも浸っていた時のその気分のため。

［72］「私たちは一方では…日常生活の模像から成る夢を見ます。そして他方では、夢の領域に似ていますが、その領域での私たちは、新しい体験を、本当に日常とは異なる霊界の現実を体験するのです。」

［75-76］　そのためには、人生における共感と反感を変化させなければならない。（日常生活における不愉快な体験、不幸な体験をもったとき、その体験に違った仕方で向き合う努力。それを自分が招き寄せた、と思えること。）日常の或る分野——趣味、人間関係の分野の共感、反感を変えようと意識的に努める。
「その分野は、どんな日常生活上の機会であってもいいのです。しかし、どこかでそのような変化が生じるのでなければなりません。」

［77-78］　問題は「そもそもどんな共感、もしくは反感をも真剣に変化させることなのです。」それによって夢の中のこれまでとは違う意識の層に気づかされる。

［79］「日常意識はまさに一種の夢意識であり、そして、そこから初めて現実が始まるのです。」はじめは日常を夢のように過ごす。

［79-80］「私たちは不完全な魂でこの世に生まれてきました。そして…運命の打撃が体験できるように、その運命を磁力のように引き寄せたのです。」
いつもの感情の深層に別の感情が働いている。けれども——。

［83-84］「自己は、私たちの通常の自我、低次の自分を発達させるために、この世にあるのです。」
課題は魂の強化。

◆その2　悪戦苦闘の意味

［64-66］　夢について。抽象的思考は第一の霊的体験だが、夢は第二の霊的体験。ほとんどの夢は感覚体験の残像といえるが、この世で体験できないような何かが現れてくることがある。

［67-68］　魂の奥底から現れてくるような何か。魂の気分がこれまでとは違っ

て感じられる。
[71] 私たちはひとつの新しい体験領域へ入っていく。それは、日常とは異なる霊的な体験。
[73] いつもの自分は、この世に最大限の関心を寄せていた。だから——。
[75–76] 日常の共感と反感を超えた感情をもつ必要がある。それは難しいことではない。共感と反感を変化させるには、なんらかの分野で（例えば読書）、ただ心を集中させればいい。
[77–78] 問題は真剣であること。——いつか、これまでとは違う意識（気分）の層が見えてくる。
[79–81] 感情が運命の打撃を求めるとき。それによって魂の不完全さを克服する。つらい運命の必然を感じとる。
魂のために、覚悟を決め、辛い運命を引き受ける。——
運命と不幸を求める心情とは、同じである。
[88] 「一体何がアルジュナに高次の、強化された自己意識を与えたのでしょうか。次回（第4講）は、この問い（魂の強化）から始めようと思います。」

第 4 講

[101] 「高次の世界では、光が生命の要素です。」
霊界を生きるときは——物質界で空気が必要なように——光が必要な要素となる。
[89] 通常の物質世界を生きることで満足している時代から、それでは満足できない時代に変わった。
[90–91] その状況に応じるためには、「魂を強化」させなければならない。第4講は「魂の強化」を扱う。
[92–93] ある古代ギリシアの哲学者の立場。——縁日で人びとは売り買いのために集まってくる。縁日を人生とすれば、哲学者は、売り買いに関わらず、ただぶらぶら見て廻る。
この哲学者の立場は今も残っている。
[94] 今問題なのは、人生を評価する際の基準である。
[95] しかし、「もしも人生が死と共に終わるのなら、もしも人間が高次の世界と何の関連も持っていないなら、私たちの魂のいとなみは、すべて意味がなくなります。」
[96] どこに人生の意味と目的と価値があるのか。自分のもっている何かについての意味と目的、そもそもその何かの本質を問わなければならない。
人間は「すべてのものの中に生きているイノチのための言葉を用意する、という課題を背負っているのです。」

［97-98］　つまり私たちの人生に意味と目的を感じさせるもの。それは「地上の感覚界では説明のしようのないような事柄」。バガヴァッド・ギーターの時代、アルジュナの魂は、そのような事柄を身につけていた。

［98-99］　アルジュナは、心を震撼させられる出来事によって、一時、見霊力を喚び起こした。

「そこで今、アルジュナの魂に生じた事柄を理解するために、私たちの魂をあの夢の領域に引き上げなければなりません。」

［101-102］「高次の世界では、光が生命の要素です。物質界の人間にとって、生きるために空気が必要であるように、そこでは、いわば『光の空気』が生きるために必要なのです。」

空気が水分、雲に浸透されているように、流れる光の中では、生きた音が漂っている。それが宇宙音楽。

［102］「光の空気」「空気の光」は、高次の世界での生命要素。

［103-104］　光の空気の中には、ルツィフェルも生きている。そのルツィフェルが望んでいるのは、人間が物質界で霊の光を渇望すること。その渇望はすぐに野心的な権力感情を求めさせる。

［105-106］　物質界では善も悪も、人間の魂の中に融け込んでいるが、上の世界では、悪の本性と善の本性が戦っているので、「高められた自我意識」がなければならない。つまり、善は悪がなければならない。進化するためには、悪に由来する影響力も関与しなければならない。

――悪の元素霊。

「善なる本性たちだけでは世界を作っていけない。それでは弱すぎてしまう。」戦いが必要。

［107］「戦いを知ることによってしか見えてこないあの危険な真実」、その戦いは、善と悪によって戦われる。

「この真実を体験するとき初めて、私たちは夢の領域へ入るのです。」

［108］　通常の生活では、眠ると何も知覚しなくなるが、睡眠状態の中で、光の空気、音、宇宙ハーモニー、さらには善なる存在と悪なる存在とが戦う世界も経験する。

［108-110］　このときの意識の在りようについて、一種のイメージで話してみたい。『人間と人類の霊的指導』の中で二人のイエス少年について語ったときの批評家の反応。批評家たちは、激怒した。それはよく理解できるが、私はその事実を、深く眠り込んでいる領域から得た。

［110-111］　こういう事柄は、物質界で証明できるような体験ではない。だから「二人の少年イエス」についての真実は、物質界に関わる意味での「経験」にはならない。夢で二人の少年イエスに会ったなら、物質界での経験のように述べることができるが、「高次の領域で真理に出会ったとき、その出会いが意識され、認識されるのは、その出会いのずっとあとになってからな

のです。…真理を獲得したのは以前のことで、以前に獲得したものを、今はじめて魂の深層から取り出して、意識するのです。」

[111-112]　この第三の領域、魂の領域では、まず体験があり、外界で花に出会うように、それがあとになって対象化される。この領域は、深い深層を体験する睡眠意識でのこと。

「外的な事実を研究するように、自分の中の真実を研究します。」

「外界の客観的な対象のように、内部から現れてくるものに関心を持つ。」

内部から出てきたものを生きる、というのは、『デミアン』と同じ。…自分は内からおのずと出て来たものを生きようとしたにすぎない。どうしてそれがこんなに困難だったのか。

内から現れてくるものに関心をもつ。

[113]　私の前生を知りたいと思ったら、一番いいのは、それらしい人物がまったく見当たらなかった、ということ。

「私たちは、見解、推測、仮説をつくるのをやめようと努めなければなりません。」そうすれば、事実が近づいてきます。「自分の推測、自分の意見は、沈黙を保っていればいるほど、その人の内面は霊界の諸事象で満たされます。」

[114–116]「クリシュナがアルジュナに語るすばらしい、けれどもグロテスクな響きをもつ真実が、何に由来するのかを理解できるようにするために」[115–116]、「まず準備として、この第三の領域へ人間が昇っていくところを問題にしなければなりませんでした。」

[116]「至高の霊的本性たちが生きて働いているひと粒の何か（真珠）が日常生活の中に働きかけている、という意識を持つこと」、つまり「本当に、高次の世界への道は、どんな人にも開かれている」ということを分かっていただきたい。

第５講

「眼に見えぬ基盤」とは「状況」のこと。特に「時代」という時間的基盤。

[123]「唯物論の時代が終わり、今、霊的（spiritualistisch）な思考の時代が始まっています。」

[124]「今始まった時代においては、時間の天空が打ち破られるでしょう。」

「今、誕生から死までという時間の限界が打ち破られ、限りない時の海の中で、人間の核心が輪廻転生を繰り返しつつ、変化、成長していくのです。」

「前の時代から次の時代へのこの移行の眼に見えぬ基盤に眼を向ける人の場合、人間の思考のこの変化の根拠は、どこにあるのでしょうか。」

その根拠になるものは、これまでは――。

[125-128] 脳の特別の構造を生じさせるために働いていた。その脳の器官が出来上がると、その形成力は自由になり、霊的認識力に変わる。

17～18世紀にも、障害者の中に見霊力が現れた。――そのとき見たのは、20世紀からの人びとのための働き。

ガブリエルの力――4世紀の間、脳組織の作り変えのために働く。

[133-135] これまでの時代――自意識が人体に組み込まれた。それによって祖先崇拝と階級制度が生じた。身分と地位。

[136-137] これからの時代――自意識が人間の中に現れてくる。

アルジュナは、一瞬、時代を飛び越えて、祖先崇拝やいけにえの火への思いから引き離されて、見霊的になった。そして、自分の中で自己意識の力を準備する神的本性はクリシュナの働き。

[137-138] 「クリシュナはアルジュナの前で、まったく自意識そのものになったかのように語りました。…これがクリシュナのひとつの側面です。」

クリシュナの本性の別の側面については、これからの諸講義で語る。

第 6 講

◆その1　状況論

[139-140] 西洋では、バガヴァッド・ギーターを哲学として理解しようとする。福音書でさえ、文献学的に理解しようとすると、もっと古い文献の中に同じ内容を読みとってしまう。抽象化。

[140-141] 抽象的になるのは状況が見えないから。

[141] 状況からみれば、<u>自我衝動の最初の現れを</u>、ギーターに見ることができる。 (悪戦苦闘)

[143] 「今必要なのは、昨日の講義（の終り）で述べたあの立場を確認することです。つまり人間の魂が一定の前提の下で、まったくリアルに、…クリシュナに向き合うことができる、という立場の確認です。」

「アルジュナの魂が向き合うのは、世界（宇宙）の中で圧倒的な創造力で働く霊なのです。」

「そういう世界状況、時代状況の生まなましい記述、そこにギーターが私たちにとって大切な理由があるのです。」

[144-145] 霊的体験を望む人たちは、「感覚世界から得た日常の知識を超感覚世界へ持ち込もうとする」のをやめなければならない。

霊的存在は「そもそも一切の感覚体験を超えて」いる。「高次の世界は、感覚器官ではなく、魂の器官で知覚される」。

［147–148］　ギーターの中心は第９章。――「全ての存在はわたしの中にあり、わたしがそれらの中にあるのではない。」（ギーター９の４）
［148］「人は絶対的な真理を知ろうとします。しかし、そのようなものはどこにもありません。どんな真理も、ある特定の状況においてのみ、なんらかの状況、特定の事情、条件の下でのみ、真なのです。そうでなければなりません。絶対的に正しい命題などありえません」

＊

「状況について」――状況とは、客観的な環境ではなく、「人間がそれによって生きざるをえず、また生きることによってのみ開示される場をいう。」人間は、状況のうちでの存在である。状況のうちに制約、拘束されている、という意味ではなく、「人間は状況のうちでのみ、自由の主体として存在することができる」。限界状況とは、悪戦苦闘のこと、死、苦悩、争い、責めのこと。（ヤスパース）――以上『ジャポニカ』

＊

状況瞑想――
状況は、その中にあって悪戦苦闘する人にのみ開示される場。外からは見えない場。しかし、その中にいるのでなければ、自由が体験できない場。

＊

状況は変えることができるが、それには、日常の共感、反感を少しでも変える、もしくは驚く、憧れる、願うことが前提になる。――そのための「状況瞑想」。

◆その２　ギーターの読み方

［139–140］　現代の西洋では、ギーターのような宗教的な思想書を概念化して哲学として理解しようとする傾向が非常に強いので、人類の偉大な衝動を正当に評価できなくさせている。思想としては、それ以前の何々と同じだ、という主張がなされる。状況を無視して論じられている。
［140–144］　自我衝動のもっとも偉大なものは、ギーターの中に見られる。西洋の思想家は、ギーターをサーンキヤ哲学やヨーガと結びつけ、それ以外の部分を無視している。しかしギーターの重要性は、そこにはない。クリシュナという生きた本性と人間自我が向き合っている状況が重要なのだ。
［144–145］　霊的体験の中の最大の誤解は、感覚世界での経験を超感覚世界へ持ち込むこと。「たとえどんな精妙な姿をとっていても、基本的に感覚世界と変わりないような何かを超感覚的世界の中で体験しようとしている。」
［147–148］「これまで、ギーターの第１章から第４章までの演劇的構成を述べようと試みましたが、その演劇的な構成は、章を追って高まり、眼に見えぬ直観の領域へ入っていきます。」
その劇的展開の中心は第９章。そこでは「人間の魂の秘密を語ろう」、と述

べている。そしてもっとも神秘的な言葉が出てくる。――「すべての存在はわたしの中にあり、わたしがそれらの中にあるのではない。」（第９章の４）

［148］　人は絶対的な真理を知ろうとするが、そのようなものは、どこにもない。どんな真理も、特定の状況においてのみ、真なのだ。絶対的に正しい命題もない。

［149–150］　第11章でさらに新しいことが語られる。「第９、第10章を魂に作用させようと（瞑想しようと）試みて下さい。」

クリシュナは「人類に自己意識をもたらしてくれた形姿」。この形姿に出会うには「感情をさらに激しく揺り動かされねばならない。」

［150–152］　第９章、10章は常識では歯が立たない。「魂は未知の体験のいわば眩暈《めまい》がするほどの高みへ昇っていく。」

第５、６、７章までは常識で間に合う。第９、10章ではそれでは済まなくなる。理解するのに、畏敬が求められる。

そうして第11章に到る。

［152–153］　第11章は理性では手のとどかぬ高次の魂の力、つまり霊視認識が、没形象的なもののスガタを暗示してくれる。「人間の魂のもっとも内なる力でなければ体験できないような、この特別の体験が、このように見事に表現されたことは、そもそも他のどこにもなかったことだ*。」

［158–159］　ここからはアルジュナが記述する側に立つ。引用――第11章の15〜25［154–158］は、アルジュナの霊視体験。

＊この第11章の記述は、感覚的知覚内容とはかけはなれている。つまりスガタ、カタチをとらえることができない。人間の「もっとも内なる力」でなければ捉えられない。

第11章の15〜25は「アルジュナの霊視体験ですが、この体験が可能となったのは、アルジュナの魂がクリシュナを霊視できるまでの高みへ引き上げられた結果です。」

そして、そのあとでクリシュナは、自分がどんな存在なのかを語る。その声は強力な霊聴として響く。

その声は次なる宇宙紀すべての時代に響きわたるかのようだ。新しい時代の衝動が与えられた。それは新しい物質中心の時代。

［159–161］　第11章32〜34は、新しい時代の殺害の悲惨さを語る。

［162–163］　至高の存在がクリシュナとなって、アルジュナに語りかける。

「個々の人間が自分の内部にある諸力を最高のところまで引き上げ、最高の意味での自己認識に到るときに出会える至上の存在、それがクリシュナなのです。」

人間の魂の最高の在り方は、自由になること。

［163–164］　ここでシュタイナーは、個人の魂と人類とを区別する。個々の魂は可能な限り完成された存在になりたい、と願う。一方、個人では決して達

成できないものが、外から人類に近づいてくる。個々の魂にではなく、人類全体のために働く。そして、ばらばらになった魂を再び人類に統合しようとする。これがクリシュナ衝動とキリスト衝動の違いである。

第 7 講

二種類の認識力——第一の人間と第二の人間。

［168–169］ 大自然の鉱物、植物、動物、人間のうちで、自分の創造する力を自覚できるのは人間だけ。しかし自然科学の思考は、その創造する力を認識できずにいる。

［170–171］ 人間にとって、外の世界を認識することは、脳神経系の中に破壊行為を生じさせることにつながる。この破壊行為は覚醒時に生じる。眠っているときは、逆に創造行為が生じているが、人間はそれを意識できない。

［174］ 排気鍾の中の空気を抜きとり、真空状態にした上で、さらに空気をゼロ以下にする可能性を認める。

そのゼロ以下の状態は、物質がエーテルになることと同じ。

［176］ 借金もゼロ以下。

［176–177］ 物質存在がゼロ以下であるときに、霊的存在がそこに現れてくる。マイナス存在＝霊的存在。

有 ——	無 ——	空
（プラス）	（ゼロ）	（マイナス）
物質		霊
破壊衝動		創造衝動

［178］ 物質界にとって、霊界はマイナスの存在。

物質のエネルギーと霊的エネルギー（生命力）についても同じ関係性が成り立つ。

［179］ 眠ることで力を更新できるのなら、睡眠中になんらかの力が働いているに違いない。それを超感覚的な力であるとするなら、その力は生命力＝性欲の力とも結びつく。

［179–181］「性欲の力は、その基本的な在り方を見ると、人間の中の使い尽くされた力を睡眠中に甦らせる力とまったく同じです。」「この力は、すでに幼児期にすばらしい秘儀を表しています。」さまざまな無茶ぶり、無邪気さとなって現れている。

「つまり、人間本性は、いわば二つの部分に分かれています。」私たちの中に、二つの人間がいる。覚醒時の人間と睡眠時の人間。前者は利己的、後者は未来に優しい力となって、前者が破壊したものを再生する。この第二の人間は、

人間の自己形成力。
この形成力である第二の人間は、その姿を現わすことがない。いわば姿を見せない姉妹魂。それが姿を現わすのは見霊状態においてのみ。
［184］ アルジュナは心を激しく揺すぶられることで、クリシュナを通して、この魂の声を聞くことができた。
［185–186］ ルカ伝の語る少年イエスに、この魂は受肉した。
［186］ そこにひとつのすばらしい秘儀がある。ルカ伝の少年イエスのからだに、地上の受肉の系列の中に降りてくる以前のままの人間の魂が受肉した。
［189］「私たちの運動である人智学の場合、何も合理的に組み合わされた構造があるわけではなく、…まず見霊的に観察した事柄を取り上げ、そのあとで人間理性による吟味が加えられます。」

第 8 講

悪戦苦闘することで分けてもらえる二つのコトバ。

［192–194］ 今大切なのは、「バガヴァッド・ギーター」の根底にある感じ方、感情に自分の魂を導き入れること。——このことの前提にあるひとつの大切な課題を今、意識しておかなければならない。
「私たちは今、新しい時代の黎明期を生きているのですが、この新しい時代の特徴のひとつは、広い範囲でこれまで秘儀であり続けたこと、ごくわずかな人たちだけに知られていたことを、社会の広範囲の人びとに広め、普及させることなのです。」
今大切なのは、霊的な秘密を公開すること。今私たちは、そのためにここに集まっている。——これが人智学の課題。すなわち「こんにちまで特定の秘密であった事柄がすべての人に伝えられなければならない」という思い。
［194–195］ しかし、今の時代はこういう事柄に無関心なので、まさに唯物主義の時代の無関心さが、この秘密を守ってくれていた。その代表的な例のひとつが、「バガヴァッド・ギーター」。
［197］ 大切なのは「バガヴァッド・ギーターに由来する感情の流れ」を理解すること。
［198–199］ 西洋文化の深い部分は、ソロヴィヨフ、ヘーゲル、フィヒテの思想の中にある。さらにいえば、「啓蒙思潮以来のヨーロッパの近代思想のあの葛藤」、「思想の地獄」の中にある。これは「ヨーロッパ史の深淵」。
［201］「真理はこの世では常に背理《パラドックス》にならざるをえない。」「背理であるからこそ、真理なのだから。」
［203］「こんにちの人間がさまざまな仕方で体験する夢意識、魂の内容を映像

として浮かび上がらせているもの、それがその時代の人間の場合、当然の日常の心の働きだった。」

［203-204］　つまり、現代人にはまったく覆い隠されている睡眠意識、そこから夢のように現れる霊感、それがこの古い時代には、覚醒時に現れていた。

［206-207］　当時の人が力をふりしぼって努力した事柄が、こんにちでは路上に見出せる。――つまり、本屋の文庫本になっている。

［208-209］　大切なのは、悪戦苦闘すること。そのことを体験すること。「現在は、理念を外的に表現することができる。しかし当時の人間の場合、私たちとはまったく違った仕方で体験された。」

こんにちの概念と当時の表現形式との違い。――こんにちは頭で理解できれば、体験しないでも分かる。当時の人は悪戦苦闘して分かろうとする。そのよい例がトリグナであるサットヴァ、ラジャス、タマス。

［209-210］　この三つのコトバに共感できなければ、ギーターの後半部は一行も辿れない。

ギーターの時代を概念で分かるのではなく、感性で共感する。この三つのコトバが「意味しているのは、世界存在（Weltendasein）のさまざまな状況の中に入って生きるときの在りようです。」

［210-214］　だからこの三つのコトバを概念として理解すると、抽象的になり、間違えてしまう。自分の生活経験をふまえる。

例えば、鉱物界を知るためには、いわば身を寄せて鉱物界と共に生きようとする。この理解の仕方は、ギーターの時代には、「鉱物界のサットヴァ的理解」と呼ばれた。

ただ眺めるだけで、知性で関われないときは、ラジャス的な理解になる。

現代の科学的認識は、動物の本性に関して、タマス状態にある。鉱物の摂取はラジャス状態、植物の摂取はサットヴァ状態、肉食はタマス状態。

概念を固定せず、流動的にする。

［214-215］　まったく受け身の霊的体験はタマス状態、感覚的知覚はサットヴァ状態、信仰はラジャス状態。

［215-216］　こういう生きた概念は、状況次第で絶えず反転する。だから絶対ではない。相対的でしかない。

タマス状態は、見霊状態のことでもあり、睡眠状態のことでもある。

［217-218］　色の場合、赤、橙、黄のような明るい色はサットヴァ色。緑はラジャス色、青、藍、紫はタマス色。

サットヴァは光ではないが、タマスは闇と訳せる。光よりも闇のほうが一般的な状態だから。

ギーターの思想を頂点に導いてくれるこの三つのコトバについては、最終講になる次回にもっと詳しく説明する。

第９講

状況を表現する三つのコトバと状況から自由になろうとする自我。

[223-224]　サットヴァ、ラジャス、タマスは霊界を表現するのに最適である。内と外を結びつける意味でも重要。

バガヴァッド・ギーターの時代、内と外、自分の魂と外の環境とを意識して対象化するために、この三つのコトバは重要だった。自分を外から区別するためにも必要。

[225-226]　アルジュナの魂を当時の環境から独立させ、解放するのが、クリシュナの課題だった。アルジュナの高次の自我が環境から自由であることを教えた。その過程を描いているのが、ギーターの構成美をなしている。クリシュナは言う。――「この三つの状態の中で進行していくすべてから、自由にならなければならない。」

[226-227]　すべての状況から自由であること。つまり、この三つの状態を自由に生きること。つまり「自己意識の創造行為」[231]。

[232]　しかし、あまりに自分に固執して、外界との結びつきがもてずにいる現代人も多い。感情的に孤独な人。

[233]　「われわれはバガヴァッド・ギーターの頃に始まった時代の終わりにいる。」そこで今、あらためてトリグナが求められている。

　　自意識の獲得――現代ではこの上ない苦悩の種。
　　　　　　　　　古代では最高の努力目標。

[234]　1）クリシュナの時代の人は形象意識で生きていた。
　　　 2）現代人は自己意識を基本にして生きる。

1）の人はブラフマン*の下で生きることが求められていた。

　＊ブラフマンとは梵天のこと。「ブラフマンはこの世の始まり、唯一絶対なるもの、終わりのないもの、東にも西にも、天にも地にも、どこにもいて、…。ブラフマンにとって、天なる場所は存在しない。左右、上下、どこにもない。」（ヴェーダの奥義書『ウパニシャッド』より）

[235]　1）この人はすべてが受身で、形象世界の中に身を置いている。

[236]　2）の人の場合、環境世界についての概念、理念を獲得する必要がある。

1）の人＝魂を受け身にし、ブラフマー*へ高まる。
2）の人＝能動的な態度で、より高次の世界へ自らを高める。

　＊ブラフマー（梵天）。ウパニシャッドの最高原理ブラフマンの神格化。

[237]　クリシュナは1）の人に2）の人の生き方を求めることで、新しい時代を導き入れようとする。

[238-241]　ギーターではクリシュナは父、ブラフマンは母。この父と母によって人類に自意識をもたらす。
クリシュナの教えの根本に眼を向けると、外的な状況と結びついている自意識を解放して、より高次の完成へ導く。それによって自意識をますます自由に、生きいきさせる。
クリシュナは後に、ルカ伝のイエス少年となる。だからこのイエスの中には、外的現実から解放されたいと願う自立への衝動が働いていた。つまり、トリグナから眼を閉ざす。そうすると、自意識を保っていられる。しかし、それによって、一面的になってしまう。人類全体に無関心になってしまう。
[241-242]　そのために、キリスト衝動が、二つの一面性（ルツィフェルとクリシュナ）の高次の綜合として生じた。しかし自意識への進化が、疎外感を伴って、こんにちまで続いている。
[244]　今私たちは、さまざまな仕方で、「環境からの疎外感という悲劇的状況を体験させられている。」多くの魂が環境との縁を失って、さまよい歩いている。
聖なる環境から離れてしまったのは、私たちの時代になってから。だから逆に、外界の聖なる在り方を知りたい、と願うようになった。そして人智学が知らせるキリスト衝動に関心を示すようになった。
[245]「私」というのはクリシュナの言葉だが、「私ではなく、私の中のキリスト」はキリスト衝動の言葉。
[248-249]　私たちの人智学の立場は、どんな精神潮流の独自性にも愛情を込めて、まったく具体的に関わっていく。しかし、このことは容易ではないので、何度も繰り返して努力していかなければならない。
[249]　聖なる秘密に関与するためには、努力し続けなければならない。
[250-251]　人智学は今試練の前に立たされている。霊的な潮流に役立つために真実への努力をするかどうかが試されている。
[252]「この連続講義を行うことができて、私自身この上ない充実感で満たされていることを、皆さんに申し上げたい。」